Wie Rituale unser Leben bestimmen

Catherine Herriger

Wie Rituale unser Leben bestimmen

Macht und Magie unbewußter Botschaften im Alltag

Seehamer Verlag

Genehmigte Sonderausgabe 1998 für
Seehamer Verlag GmbH, Weyarn
Zeichnungen: Wolfgang Struve
Titelgestaltung: Bine Cordes, Weyarn
Printed in Austria
ISBN 3-932131-66-5

Für Silvan –
zur Erinnerung an sein Reifeprüfungs-Ritual

Man sieht nur mit dem Herzen gut.
Das Wesentliche ist für die Augen unsichtbar.

Antoine de St. Exupéry: Der kleine Prinz

INHALT

EINLEITUNG

1590 trafen gottlose Männer und Frauen im Dorf North Berwick (Schottland) zusammen, um in einer leerstehenden Kirche ein grausiges Ritual zu vollziehen. Die Hexer beabsichtigten, über dem Meer einen gewaltigen Sturm zu entfachen, der den Lauf der Geschichte Schottlands ändern sollte.

Sie wählten eine kleine, verängstigte Katze als Ritualträger. Das unglückselige Tier wurde getauft, dann auf grausame Art gequält, indem es immer wieder durch ein loderndes Feuer gescheucht wurde. Dann banden die Hexer die abgeschnittenen Hände und Füße eines toten Mannes an die Pfoten der Katze und befestigten das Geschlechtsteil des Verstümmelten am Bauch des Tieres. Nach dieser Prozedur wurde das Opfer ins Meer geschleudert. Sofort zeigte sich die Wirkung des satanischen Rituals: ein schreckliches Unwetter braute sich zusammen! Ein Schiff wurde zerschmettert und riß zahlreiche Seeleute in den Tod. Aber das Unheil, das die Hexer von Berwick mit ihrem Ritual anrichten wollten, wurde durch göttliche Gewalt vereitelt. Das Schiff, das in jener Nacht den schottischen König, seine Majestät Jakob VI., von Dänemark aus übers Meer setzen sollte, blieb vom Sturm verschont – zum Ärger der Hexenbrut.

Diese Geschichte über *magische Rituale* regt unsere Phantasie an. Wir alle haben schon ähnliche Geschichten und Märchen gehört und erzählt, die uns eine angenehm-schauerliche Gänsehaut verspüren ließen. Doch ist die Verwendung von Ritualen mitnichten nur in solchen Erzählungen zu finden und ausschließlich magischen Handlungen und Absichten vorbehalten. Ursprünglich kennen wir Rituale aus dem *kirchlich-religiösen Bereich*, wie zum Beispiel die regelmäßig wiederkehrenden »heiligen« Handlungsabläufe in der katholischen Liturgie.

Eine rituelle Handlung bezweckt stets, sei es bewußt oder unbewußt, eine bestimmte Wirkung – etwas wird *beschworen*. Im allgemeinen sollen positive Kräfte »geweckt« werden, wie etwa der göttliche Beistand im Gebet, im Gottesdienst, in der heiligen Messe – im Gegensatz zu dem bereits erwähnten grausamen Ritual, das satanische (negative) Kräfte heraufbeschwören sollte.

Rituale erschöpfen sich aber keineswegs im Magischen. Unser Alltag ist durchzogen von einem Netz teilweise *unerkannter Rituale*, sei es nun im privaten, im beruflichen oder im gesellschaftlichen Bereich.

Jeder von uns gebraucht fast täglich rituell-magische Beschwörungen und Handlungen, ohne es zu bemerken oder sich groß Gedanken darüber zu machen. Aussprüche wie: »Hals und Beinbruch«, »Kopf hoch«, »Weidmannsheil«, »Mast- und Schotbruch«, »Mach's gut«, »Halt die Ohren steif«, »... wird schon schief gehen«, »Spuck über die linke Schulter« usw. sind uns allen geläufig. Selbst unser *Tagesablauf* ist geprägt von rituellen Handlungen, die bei uns ein gutes Gefühl »heraufbeschwören« sollen. Es können kleine und liebe und vertraute Rituale sein, etwa daß wir, um leichter abschalten zu können, beim Nachhausekommen regelmäßig – noch bevor wir den Mantel oder die Jacke ablegen – die Aktentasche auspacken, Musik anstellen, das Fenster öffnen, Kaffeewasser aufsetzen oder uns kurz entspannt hinsetzen und die Beine hochlegen ...

Kurz: wir können Rituale in allen persönlichen Belangen antreffen – es genügt, unseren Sinn für ihre Wirkungsweise zu schärfen, um deren *positive Kraft* erkennen und nutzen zu können. Weder Situationen noch Interaktionen im zwischenmenschlichen Bereich können erfolgreich verlaufen ohne das Berücksichtigen und Einsetzen von Ritualen.

Rituale sind das Schmieröl im menschlichen Getriebe.

DER WUNSCH NACH ERFOLG

Sie möchten erfolgreicher sein? Besser und effizienter arbeiten, aber gleichzeitig Ihr Leben genießen? Gute und befriedigende Beziehungen haben und leicht Zugang und Ansprache finden zu anderen Menschen? Sich gewisse materielle Ansprüche erfüllen können?

Ist es das, was Sie sich wünschen? Zwar haben Sie es teilweise erreicht, doch Sie stoßen nach wie vor in vielen Bereichen auf Blockaden. Und meistens haben diese Hemmschwellen – sei es im privaten oder im beruflichen Bereich – irgendwie mit Menschen zu tun. Der vielzitierte Satz »all business is human« ist nur zu wahr. Überall und ständig steckt der menschliche Faktor dahinter, ob es jetzt mit Hindernissen und sich wiederholendem Ärger im Arbeitsbereich zu tun hat oder damit, daß es immer wieder zu Reibereien kommt mit den Nachbarn: all business is human.

Dann gibt es eine Kategorie Menschen, die scheint von den Göttern geküßt zu sein – fast alles gelingt ihnen, sie eilen von Erfolg zu Erfolg, werden umschwärmt und dementsprechend von den weniger Begünstigten heftig beneidet.

Alle sind wir am Schlüssel zu diesen erfolgsgekrönten Werdegängen interessiert. Es muß doch ein Geheimnis, ein Erfolgsrezept dahinterstecken! Biographien werden gesucht und verschlungen, die uns vom Titel her versprechen, daß endlich die Schleier gelüftet und die Rezepte vermittelt werden, wie und warum die oder die Persönlichkeit den Weg an die Spitze, zum Ruhm, zu einem Vermögen geschafft hat... oder jemand so beliebt und umschwärmt wird... Aber all diese Bücher sind dann doch enttäuschend – denn sie erzählen, meistens in der Ich-Form, von Einsatz, Arbeit, Fleiß, Ehrgeiz und wenig Schlaf. Und das alleine kann es wohl kaum sein, denn fleißig, ehrgeizig und arbeitsam sind wir alle (mehr oder weniger). »Aha... klar... natürlich!«, meinen dann viele zu erkennen, »mit den richtigen Kontakten ist der Weg zum großen Erfolg schon zu schaffen, eigentlich eine Kleinigkeit. Aber unsereiner...« Und dann ist wieder der Ausgangspunkt erreicht, der besagte, daß es in unserer Gesellschaft eben Erfolgreichere und weniger Erfolgreiche gibt.

Dem kann wohl nicht so sein. Denn auch diese Erfolgreichen haben einmal mit wenig begonnen. (Die, welche ohne eigenes Dazutun einfach Papas Imperium geerbt haben, sind eindeutig in der Minderheit.) Wer die Lebensläufe genau verfolgt, wird bemerken, daß selbst die Allererfolgreichsten einige Male schmerzlich auf die Nase fielen: Fehlkalkulationen, verlangsamter Aufbau, finanzielle Nöte usw. Die eindeutige Zielgerade zum Erfolg ist bloß ein gern geglaubter Mythos.

Als Lee Iacocca, ein weltbekannter amerikanischer Konzernleiter, nach dem Geheimnis seines Erfolges gefragt wurde, zuckte er nur die Schultern und meinte: »Just do it!« Das ließe die Annahme zu, es sei damit getan, keinerlei Angst zu kennen, oder zumindest die eigenen Ängste anzupacken und vorwärts zu schreiten. Diese Erklärung kann nicht genügen, denn angstfreie Leute gibt es viele, und die sind nicht unbedingt erfolgreich, weder beruflich noch privat. Vielleicht gerade weil sie allzu angstfrei sind, fehlt ihnen ein gewisses Maß an Vorsicht und Rücksicht – und Dinge beginnen schiefzugehen.

Was also kennzeichnet erfolgreiche Menschen? Was haben diese Menschen Spezielles an sich, daß ihnen so vieles leichter fällt? In den seltensten Fällen sind es uns unangenehme Persönlichkeiten – ganz im Gegenteil. Im Allgemeinen wirken diese mit Erfolg Gesegneten offen und freundlich, plaudern gerne, haben eine gute und sichere Art, sich zu bewegen, und scheinen mit sich zufrieden zu sein.

Wir fühlen uns wohl in ihrer Gegenwart und erzählen nachher etwas wie: »So nett, gar nicht eingebildet, so unkompliziert, irgendwie ganz anders, als man sich's vorstellt...« Was ist denn nun wirklich anders? Es scheint etwas mit der Wirkung auf andere zu tun zu haben – mit dem unmittelbaren Klima, das jemand um sich herum schafft. Menschen, die ein positives, aufmunterndes, motivierendes Klima um sich verbreiten, gehören sicher in eine andere Kategorie als die, welche es anderen erschweren, überhaupt das Wort an sie zu richten. Worauf gründet so ein »offenes« Klima, das zum Austausch anregt? Es scheint, als würde der Betreffende eine deutliche *Einladung* an andere signalisieren. So als würde er sagen: »Kommt her zu mir, ich bin interessiert an euch, ich bin neugierig, laßt uns miteinander sprechen.«

Betrachten Sie doch einmal nach diesen Gesichtspunkten Menschen, wie sie sich in einer Gesellschaft bewegen und benehmen. Wer strahlt diese fast magnetische *An-ziehung* aus, und wer gehört zu den sogenannten Mauerblümchen, die unbeachtet am Rande stehen? In welche Kategorie ordnen wir jetzt die Erfolgreichen ein? Wohl kaum bei den sprachlosen Mauerblümchen... Der Weg zum Erfolg hat, nebst Arbeit, anscheinend viel mit einer ganz bestimmten Ausstrahlung tun. Aber wie genau läßt sich dieses gewisse Etwas fassen? Wie kann man es für sich nutzbar machen?

Und so hasten Heerscharen von Frauen und Männern von einem Kommunikationstraining zum andern – immer in der Hoffnung, erfolgreicher zu werden, besagten Schlüssel zum Glück zu finden. Sie lernen Gesprächstechniken einsetzen, körpersprachliche Signale erkennen usw. usf. – doch an ihrem ureigensten kommunikativen Verhalten, an ihren Beziehungsmustern ändert sich dabei selten etwas. Vielmehr stolpern sie nach wie vor über ihre alten zwischenmenschlichen Schwierigkeiten, fühlen sich zunehmend in ihrem Selbstwertgefühl verunsichert. Dadurch glauben sie, als einziger etwas ganz Wesentliches nicht begriffen und deshalb versagt zu haben.

Hier weist dieses Buch einen neuen Weg. Es vermittelt mehr als ohnehin bekannte kommunikative Einsichten und Verbesserungen – es geht an die *Wurzeln zwischenmenschlichen Verhaltens* heran und erklärt, warum Menschen sich spontan näherkommen oder sich ohne ersichtliche Gründe voneinander distanzieren. Denn die Art und Weise, wie Menschen mit sich und untereinander umgehen, unterliegt bestimmten, teilweise unbewußten Botschaften und Spielregeln. Wie können wir diese erkennen? Was bedeuten sie für uns? Wie können wir sie für uns nutzen?

Machen wir uns also auf den Weg, dieses *geheimnisvolle Regelwerk* der zwischenmenschlichen Kommunikation Schritt für Schritt aufzudecken. Versuchen wir doch, einen wirklich wirksamen Schlüssel in die Hand zu bekommen, um besser mit unseren Mitmenschen und mit uns selbst umzugehen – um uns damit *den Weg zu Glück und Erfolg frei zu machen!*

Erfolg durch Kommunikation

KOMMUNIKATION ALS BEZUG

Was ist denn Kommunikation? Sicher nicht nur »richtig reden«. Es gehört mehr als das dazu, um eine Mitteilung klar verständlich zu machen, um eine Botschaft »rüberzubringen«, einem Menschen nahezukommen, um einen nachhaltigen Eindruck zu hinterlassen und ein persönlich-vertrauliches Klima zu schaffen.

Text, Illustration – und was noch?

Wir können uns *erfolgreiche Kommunikation* als Pyramide vorstellen mit *drei verschiedenen Ebenen* (Segmenten), wovon die unteren zwei allgemein bekannt sind. Schauen wir uns das an:

1. Informative Ebene

A erzählt B ein Ereignis. Er formuliert mit Hilfe von Worten – »Texten« – eine ihm wichtige Aussage.

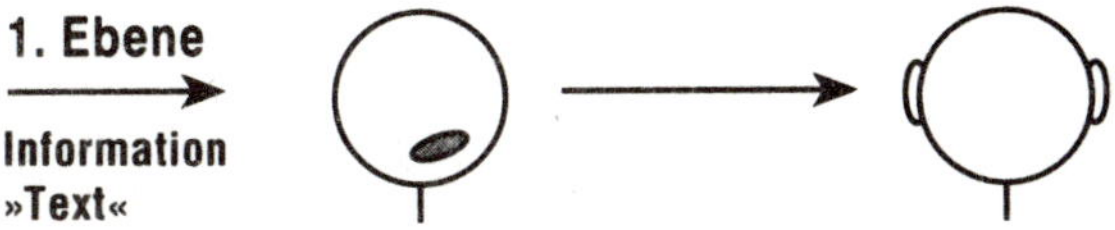

Dieser Vorgang spielt sich auf der unteren, auf der 1. Ebene der Kommunikations-Pyramide ab.

2. Beschreibende Ebene

Während des Erzählens beschreibt, »illustriert«, A zusätzlich sein Erlebnis durch

- Tonfall
- Gestik
- Mimik

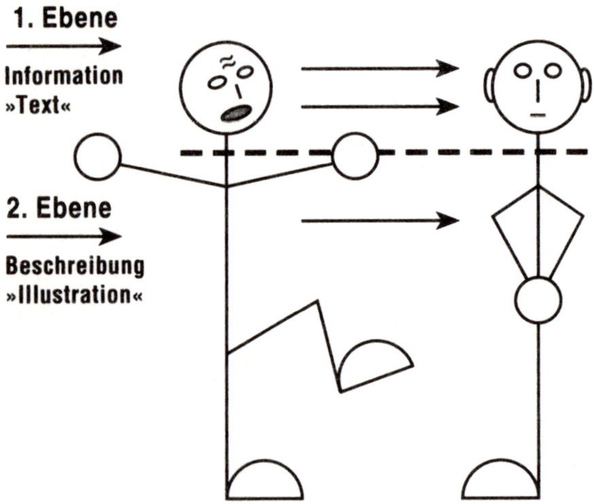

Von daher verstehen wir, warum Kommunikation, die auf schriftlichem Weg erfolgt, einseitig ist und leicht zu Mißverständnissen führen kann. Auf dem *schriftlichen* Weg fehlt jegliche »Illustration« durch Gestik, Mimik und Tonfall – auf dem *telefonischen* Weg ist zwar der Tonfall dabei, es fehlt jedoch an Mimik und Gestik. Die Kommunikation ist somit auf beiden Wegen mangelhaft und muß von daher als bloße *Information* bezeichnet werden. Auf rein informativer Ebene können sich Menschen nicht wirklich nahekommen.

Vorsicht: Informationen ohne Illustration durch Gestik, Mimik und Tonfall sind einseitig und bergen die Gefahr von Mißverständnissen.

Solange eine Aussage mit Tonfall, Mimik und Gestik übereinstimmt, »stimmt es« für uns, und wir hören weiter aufmerksam zu. Aufgescheucht werden wir dann, wenn wir eine Diskrepanz wahrnehmen, also ein Auseinanderklaffen von Text und Illustration. Hier künden sich Unsicherheiten und Unehrlichkeiten an.

Zum Beispiel jemand, der mit einem abweisenden Gesichtsausdruck sagt, er freue sich über den spontanen Besuch einiger Freunde. Er wird dadurch eine andere und unstimmige Botschaft vermitteln, als wenn er dieselbe Aussage mit einem freudigstrahlenden Gesicht gemacht hätte.

Hingegen braucht eine einladende *Geste* mit der Hand, begleitet von einem Lächeln, keiner zusätzlichen Worte, um die stimmige Botschaft zu vermitteln, daß jemand aufgemuntert wird, begrüßt, gelobt – also *Akzeptanz* und *Anteilnahme* gezeigt wird.

Ein entgegenkommendes *Vorbeugen* des Oberkörpers sagt mehr aus über das ehrliche Interesse eines Zuhörenden als ein häufig gemurmeltes »jaja... aha... ja«, das durch den umherschweifenden Blick als unstimmige Botschaft empfunden wird.

Überhaupt der Blick! In jedem Kommunikations-Seminar wird über die Wichtigkeit von Augenkontakt gesprochen. Warum? Blicke schaffen Kontakte, zwei Menschen berühren sich optisch erstmals. Augenkontakt kann signalisieren: »Ich nehme dich wahr. Sieh auch du mich an. Laß uns einen Dialog eröffnen, aufeinander zugehen.« Blicke halten fest und können intensive Momente schaffen. Man denke da nur an den Augenkontakt zweier Verliebter, der ohne Worte gegenseitig Botschaften vermittelt. Und: wer kennt nicht den Ausspruch: »Wenn Blicke töten könnten!« Hier erfolgt auch eine Botschaft, aber im negativen, fast tätlichen Sinne – ebenfalls wortlos und trotzdem eindeutig. Nicht umsonst heißt es, daß Augen Seelenfenster sind – so oder so.

Stellen Sie gerade fest, daß Ihnen das alles mehr oder weniger bekannt ist? Daß Sie eigentlich sehr wohl wissen, was Kommunikation ist? Und doch machen Sie die Erfahrung, wie Ihr kommunikatives Verhalten immer wieder unzureichend ist und häufig zu Mißverständnissen führt. Trösten Sie sich: Es geht nicht nur Ihnen so.

Trotz Hunderter von arbeitsamen Stunden in Kommunikationsseminaren stellen Kursteilnehmer immer wieder fest, daß sie wohl Kommunikationstechniken erlernt und begriffen haben, trotzdem aber nicht in der Lage sind, damit umzugehen, das heißt, das Gelernte umzusetzen. Dazu einige Aussagen von ehemals eifrigen und lernwilligen Seminarbesuchern:

- »Im Seminar schien alles so klar und einsichtig. Kaum war ich zurück an meinem Arbeitsplatz, wirkte alles anders. Meine Mitarbeiter schienen gar nicht zu bemerken, daß ich ›sicherer und selbstbewußter‹ auftrat und mehr ›Führungspotential‹ entwickelt hatte. Es war äußerst frustrierend.« (Verkaufsleiter, 27 Jahre)
- »Ich habe gelernt, ›offen‹ in die Augen meines Gegenüber zu schauen und ›klar und deutlich‹ meine Anliegen vorzubringen. In beiden Kursen gelang mir das vorzüglich – ich war stolz auf mich. Kaum aber forderte mein Chef mich auf, ihm Kaffee zu holen, war es um mein ›neues Selbst-Bewußtsein‹ geschehen. Und da er mich ohnehin nicht anschaute, bot sich mir gar keine Gelegenheit, meine neuerworbene ›Augenkommunikation‹ anzuwenden. Statt dessen holte ich ihm brav – wie üblich innerlich wutschnaubend – seinen Kaffee, den er – wie üblich ohne jeglichen Dank – entgegennahm.« (Kaufmännische Angestellte, 43 Jahre)
- »Meine Sprache hat sich in dem Rhetorikkurs deutlich verbessert. Ich spreche jetzt akzentuierter, freier und gut verständlich. Ich habe ein deutliches Feedback in meiner Firma wegen meiner ›verbesserten Kommunikation‹. Ich wurde von allen Kollegen sehr gelobt. Aber anläßlich einer neuen Präsentation, um die vorzutragen ich mich bemüht hatte, lächelte

mich mein Abteilungsleiter nur an und meinte, es sei noch zu früh für mich, ich hätte doch deutliche ›Kommunikationshemmungen‹. Worauf es mir wieder glatt die Sprache verschlug und ich vergaß, wie ich meine ›Bedürfnisse deutlicher formulieren‹ sollte.« (Autoverkäufer, 34 Jahre)

- »Das Inserat versprach, daß nach Besuch des insgesamt zehntägigen Kommunikations-Kurses alle Teilnehmer ihre Kontaktscheu verloren haben würden, und ›offen und direkt‹ auf Mitmenschen zugehen würden. Da ich mich nach einer schlimmen Scheidungskrise monatelang verkrochen hatte, dachte ich, sowas würde mir gut tun. Ich war nie sehr kontaktfreudig gewesen und litt schon als Kind darunter. Prompt verliebte ich mich in einen Kursteilnehmer, der anscheinend dieselben Ängste vor Menschen und Verletzungen wie ich hatte. Es wurde eine sanfte Liebesgeschichte für mich, schüchtern und romantisch von seiner Seite. Als der Kurs fertig war, sagte er mir erst, daß er bereits verheiratet sei und keineswegs an Scheidung denke, er hätte mit mir karriereförderliche ›offene Ansprache‹ geübt, er schätze mich sehr, aber... Ich habe mich wieder verkrochen.« (Geschiedene Frau, 38 Jahre)

Diese vier Beispiele zeigen deutlich, daß Kommunikation mehr sein muß als das vielgepriesene »Richtig-Reden« und »Körpersprache-Beherrschen«. Kommunikation findet *keineswegs* ausschließlich auf der »Text- und Illustrationsebene« statt, sondern da spielt offensichtlich noch eine andere, eine zusätzliche Ebene die entscheidende Rolle.

Die Bezugs-Ebene als 3. Ebene der Kommunikation

Wie kann diese 3. Ebene definiert, erklärt werden? Sie ist schwer faßbar, und doch kennt sie jeder von uns. Es handelt sich um eine mit Worten nur schwer beschreibbare, unbewußte Brücke zwischen Menschen – eine Atmosphäre, eine Schwingung, etwas Magisches, ein Gefühl, ein Funke, eine intuitive Bezugnahme... zwei Seelen, die einander berühren. Um diese Ebene zu erfassen und zu erfühlen, bedarf es mehr als das Erlernen gängiger Kommunikationstechniken. In diesem Buch werden wir herausarbeiten, wie sich diese 3. Ebene zeigt, ohne deren Berücksichtigung es zu keiner wirklich erfolgreichen Kommunikation und zwischenmenschlicher Nähe kommen kann.

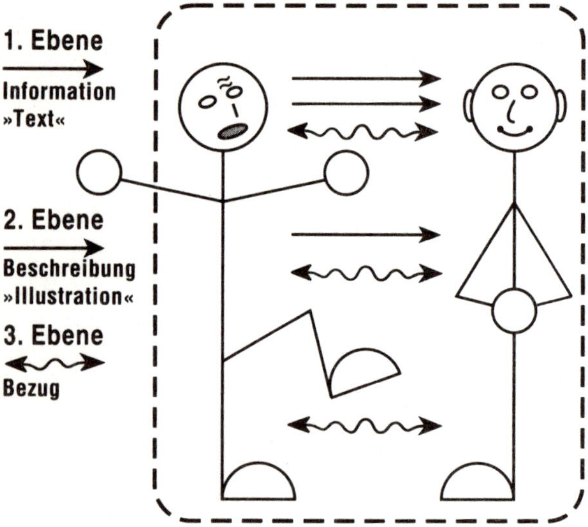

Solange diese Bezugs-Ebene nicht erkannt wird, schlummert sie den Dornröschenschlaf. Und dann senden wir unbewußt und ungewollt kommunikationshemmende Botschaften aus – vieles geht unerkannt und ungenutzt an uns vorbei. Durch das Erkennen, »Beschwören« und »Aufwecken« dieser Ebene erhalten wir plötzlich die Chance, mit einer veränderten Optik Menschen und Situationen anzugehen. Unsere Einstellung und unsere Ausstrahlung werden offener, wir erleben uns toleranter und großzügiger – wir sind bezugsfähiger geworden.

Je besser mann/frau kommuniziert – durch Worte, durch Körpersprache und durch Bezugnahme –, um so leichter geht es im Leben, um so erfolgreicher erfährt er/sie sich. Wer eingebunden ist in einem Netz zwischenmenschlicher Beziehungen, kann die

Signale anderer früher und klarer wahrnehmen und damit seine eigenen Botschaften bewußter und gezielter einzusetzen. Die Voraussetzung dazu ist das Bewußtwerden und Entwickeln dieser 3. Kommunikationsebene.

Kommunikations-Pyramide

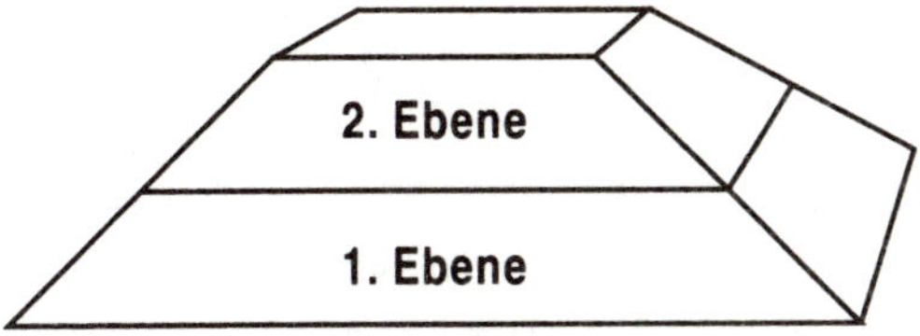

mangelhafte, weil bezuglose Kommunikation

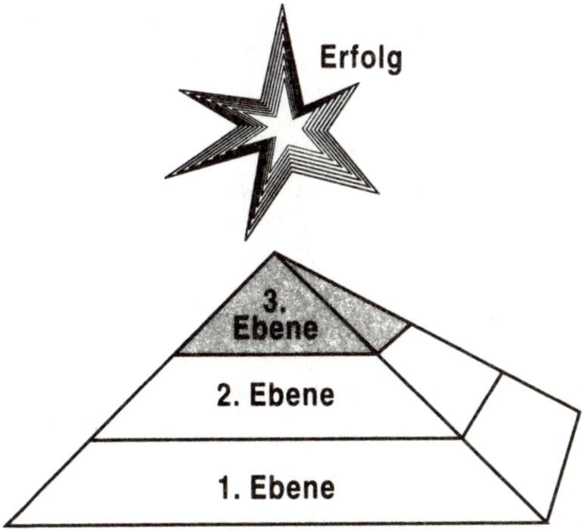

erfolgreiche, weil ganzheitliche Kommunikation

> Kommunikation ist mehr als Reden und Aktion,
> Kommunikation ist Bezug

Was nun ist mit all den Menschen, die gar nicht wissen oder spüren, daß ihnen diese bestimmte Art Lebensqualität fehlt? Oder die fest daran glauben, nichts könne sich in ihrem Umfeld noch verändern, geschweige denn verbessern? Menschen also, die unbewußten, sie hemmenden Botschaften (noch) nicht auf die Spur gekommen sind?

Da in uns allen ein starkes kommunikatives Potential schlummert, weil wir soziale Wesen sind, ginge es »nur« darum, auch diesen Betroffenen den Zugang zu eigenen Energien und Kräften zu eröffnen. Doch manchmal braucht es Krisen und Katastrophen, damit jemand plötzlich einsichtig wird, sich darum bemüht, einen besseren Weg zu sich und zu anderen zu suchen – also den Wunsch nach Bezug, nach verbesserter Kommunikation auf allen drei Ebenen, überhaupt verspürt.

Doch wie eröffnet sich so ein Weg? Wie wird eine bessere Bezugsbrücke geschlagen? Einsichten und Gespräche scheinen nicht immer zu genügen. Und Kommunikationsseminare, mit allen rede- und körpersprachlichen Techniken, nützen erwiesenermaßen nur etwas für die Text- und Illustrationsebene.

Wie nun gelangt ein Mensch auf seine Bezugsebene? Und wie kann er dort, wo Bedürfnisse teilweise unbefriedigt schlummern, entscheidende Neuerungen und Verbesserungen bewirken? Gibt es überhaupt Möglichkeiten, die 3. Ebene gezielt anzupeilen? Also eine »Technik« – eigentlich eine Beschwörung –, um Bezug herzustellen? Und wie würde so was aussehen?

In den folgenden, höchst erstaunlichen Beispielen erleben Sie Schritt für Schritt den Weg zur dringend benötigten Bezugnahme. Sie werden bemerken, wie wenig das Ganze mit kopflastiger Theorie zu tun hat – und wieviel mit dieser so schwer zu erfassenden *3. Kommunikations-Ebene*. Denn Bezugnahme kann nur über sensibles Erfassen von Menschen, Umständen und Situationen hergestellt werden.

MAGISCHE HEILUNGEN – FRAU MARA UND CO.

Der Fall der Hautflechte

Frau Mara gilt als eine vielbeschäftigte, moderne Hexe. Soeben hat sie einer 34jährigen Frau eine lästige Hautflechte an einer intimen Körperstelle »weggezaubert«.

Vorher pendelte die betroffene junge Frau jahrelang zwischen unzähligen Dermatologen und Badekuren hin und her – hatte natürlich auch sämtliche Tinkturen und Kortison-Präparate erfolglos und frustriert ausprobiert. Bis ihr Frau Mara von einer wohlmeinenden Verwandten empfohlen wurde. Innerhalb von drei Wochen war die lästige und juckende Hautflechte nahezu spurlos verschwunden.

Auf vorsichtiges Befragen erzählte die glücklich Geheilte, welches »Zaubermittel« Frau Mara angewandt hatte: »Ich mußte morgens und abends meinen Urin in einem kleinen Holzgefäß auffangen und jeweils mit sieben frischen, zerstoßenen Salbeiblättern verrühren. Dann mußte ich dem Ganzen sorgfältig das Weiße eines frisch gelegten Eies beimischen. Anschließend tupfte ich die Mixtur mit einem von Frau Mara speziell erhaltenen Stück Hirschleder immer wieder auf die betroffenen Stellen – eine Viertelstunde lang, zweimal täglich, sieben Tage lang. Dazu mußte ich jedesmal einen großen Schluck davon trinken.« Bereits während dieser Zeit begann die Hautflechte ihre Farbe zu verändern und zu schrumpfen.

Wie war das möglich? Ein Chemiker untersuchte diese interessante Mischung aus Urin, Salbei und Eiweiß – kombiniert mit der Wirkung von Hirschleder – auf ihre Wirkung auf die menschliche Epidermis hin. »Kompletter Unsinn!« stellte er fest. Aber die Heilung ließ sich nicht wegdiskutieren. Schließlich wurde die Diagnose in Zusammenarbeit mit einem Hautarzt auf »Autosuggestiver Glaube mit psychologischer Rückwirkung und hohem Zufallsfaktor« festgelegt und die Angelegenheit damit achselzuckend abgetan.

Zufall?

Die Hautflechte befand sich links und rechts der Vagina und störte nur schon durch die konstante Reibung der Oberschenkel die betroffene Frau enorm. Sowohl Urinieren wie Geschlechtsverkehr war mit unangenehmem Jucken und Brennen verbunden. Trotz Ausprobieren unterschiedlicher Paßformen bewirkte das Tragen der Slips ein ständiges, äußerst schmerzhaftes Scheuern.

Die junge Frau hatte zudem den Eindruck, daß alle Leute in ihrer Nähe den unangenehm-durchdringenden Geruch der verschiedensten Salben riechen und sich von ihr angeekelt abwenden würden. Somit begann sie, sich gerade an wärmeren Tagen vermehrt von allen zwischenmenschlichen Kontakten zurückzuziehen. Die körperliche Liebe mit ihrem Freund wurde selten und seltener – sie war überzeugt, daß, abgesehen von ihren Beschwerden, ihn sowohl Anblick wie Geruch der Hautflechte abstoßen müßte.

Ihr Genitalbereich wurde dadurch für sie immer mehr zur gefühlsmäßig unerwünschten »Tabu-Zone«. Sie beschrieb diesen Zustand bildhaft-deutlich, als sie einmal sagte: »Nichts und niemand konnte mir helfen. Am liebsten hätte ich ein Messer genommen und alles einfach weggeschnitten.«

Der Hergang

Es war sicherlich nicht einfach, jeden Tag zweimal die nötigen frischen Ingredienzien für den verordneten Urincocktail zusammen zu suchen. Man denke nur an die frischgelegten (!) Eier. Ganz zu schweigen vom zeitlichen Aufwand für die Herstellung und Anwendung. Die Bereitschaft, Urin regelmäßig zu trinken – und sei es der eigene – wird wohl kaum ohne anfängliche Widerstände gewachsen sein ...

Das Ganze also eine komplizierte, umständliche und unverständliche Kette verschiedenster Handlungen und Bewegungen, die konsequent und diszipliniert sieben Tage lang durchgeführt werden mußten. Und schon erschienen die ersten Heilungsanzeichen! Wir können uns die Freude und Erleichterung der jungen Frau lebhaft vorstellen. Konnte sie auch etwas Wichtiges für sich erkennen oder begreifen? Und der Leser?

Gehen wir vorerst weiter, ohne jeden Erklärungsversuch, und schauen uns die anderen Heilungsbeispiele an.

Der Fall der Nikotinsucht

Madame Zeta nennt sich Magnetopathin und hat Herrn Rolfer, der im Schnitt zwei Packungen Zigaretten pro Tag rauchte, in einer Sitzung das Rauchen abgewöhnt. Was hat Madame Zeta getan?

Herr Rolfer war, laut eigenen Worten, ein »Raucher wider besseren Wissens«. Als vielreisender, freier Journalist kam er unweigerlich immer wieder in die Situation, daß ihm jemand eine Zigarette anbot oder daß er ein Sitzungszimmer voller Rauchschwaden betreten mußte. Von daher scheiterten seine gelegentlichen Versuche, vom Rauchen wegzukommen, alleine schon an den Umständen. Nach neun heroisch abgelehnten Zigaretten paffte Herr Rolfer dann die zehnte genüßlich wieder mit, wenn auch mit schlechtem Gewissen. Bis ihm der Hausarzt beim Check-Up mitteilte, daß er an einer bereits fortgeschrittenen Gefäßverengung leide. Entweder er reduziere sofort seinen Zigarettenkonsum, oder... Zum ersten Mal verspürte Herr Rolfer Angst.

Herr Rolfer, dessen Vater an einem zweiten Herzinfarkt verstorben war, beschloß, seiner Gesundheit Priorität zu geben. Er schrieb sich für ein teures Raucherentwöhnungs-Seminar in einem Schweizer Kurort ein und kehrte, »die Lungen voller frischer und gesunder Luft«, geheilt zurück. So meinte er jedenfalls. Zuerst stieß ihn der allgegenwärtige Zigarettengeruch in seinem Arbeitsalltag ab, aber bald war er wieder auf seiner üblichen Tagesration von zwei Päckchen pro Tag. Abgesehen von den Sorgen um seine Gesundheit, begann er sich nun ernsthaft Gedanken darüber zu machen, ob er ein willenloser »Suchttyp« sei. Er sprach mit einem jüngeren Kollegen darüber, der ihn auslachte und ihm den Rat gab, er solle zu einem »Heiler« gehen, manchmal nütze das was. Er kenne zum Beispiel zwei andere Journalisten, die hätten es ausprobiert, und würden jetzt nur noch kuhähnlich Kaugummi kauen, ohne Bock auf Zigaretten.

Herr Rolfer studierte die Zeitungsanzeigen und fand »Madame Zeta«. Voller Skepsis und innerem Spott, aber auch erfüllt von journalistischer Neugier, meldete er sich bei ihr an.

Es tat Herrn Rolfers analytisch geschultem Verstand richtiggehend weh, als er Madame Zetas beschwörendes, ihm sinnlos erscheinendes Murmeln anhören mußte, während sie sich seinen Ohrmuscheln widmete. Die Umgebung beleidigte zudem seinen Sinn für Ästhetik ungemein: ein kleines, mit Nippsachen vollgepfropftes Zimmer, überall Stofftiere und Kruzifixe in unterschiedlicher Größe und wilder Farbzusammenstellung, das Ganze geschwängert vom Duft verschiedenster Räucherstäbchen, dazu leise, feierliche Orgelmusik. Madame Zeta, eine behäbige, verblühte Frau mittleren Alters, war unpassenderweise ganz in Weiß gekleidet. Durch die Beschäftigung an seinen Ohren war sie ihm unangenehm nahe. Von den feinen Nadeln spürte er nichts, doch das schwer moschushaltige Parfum, vermischt mit ihren sonstigen körperlichen Ausdünstungen und dem Duft der Räucherstäbchen, erzeugte in ihm eine steigende Übelkeit. Als dann noch der Geruch des Desinfektionsmittels dazukam, mit dem sie sein rechtes Ohrläppchen abrieb, und der kurze Schmerz beim Durchstechen mit einer gröberen, ausgeglühten Nadel, da war's um ihn geschehen: Zu seiner eigenen Peinlichkeit (und Madame Zetas Mißbilligung) übergab er sich kurz und heftig in das Schontuch, daß er unter seinem Kopf hervorriß. Herr Rolfer war heilfroh, als er endlich zahlen (ein »freiwilliger« Beitrag) und gehen konnte. Die Eukalyptuspastillen kaufte er nur noch, um einen anderen Geschmack im Mund zu haben. Auf dem Nachhauseweg beschloß er, einen bitterbösen Artikel zu schreiben: über Volksverdummung im Allgemeinen und Scharlatanerie im Speziellen. Den »Knopf im Ohr« wollte er noch einige Tage tragen und sich eventuell, als Illustration zu seinem Artikel, damit photographieren lassen. Herr Rolfer war bereits zu Hause, als ihm zu dämmern begann, daß seit seiner letzten Zigarette mehr als drei Stunden verstrichen waren – ohne daß er das Rauchen vermißt oder auch nur daran gedacht hatte. Der Zustand hielt an, über die Nacht, die nächsten Tage ... Herr Rolfer wurde immer neugieriger und setzte sich absichtlich qualmenden Kollegen und schwerverrauchten Lokalitäten aus. Außer einem leisen Unbehagen wegen der schlechten Luft verspürte er nichts: Die Gier nach Zigaretten war vorbei...

Auch hier finden wir einen unverständlichen Ablauf eigenartiger Handlungen, die der Betroffene diesesmal passiv – im Gegensatz zur Hautflechtengeschichte – über sich ergehen lassen mußte.

Was steckt hinter dieser Geschichte? Herr Rolfer denkt noch immer darüber nach. Und der Leser? Doch nun zur letzten »wundersamen« Heilung.

Der Fall der Kinderlosigkeit

Herr Lüscher ist laut seiner imponierend großen Visitenkarte »parapsychologischer Geistheiler«. Herr und Frau Seiler, die sich schon jahrelang ein Kind wünschen und laut medizinischem Gutachten (chronisch verklebte Eileiter) kaum je eines haben können, sind nun mit verzweifeltem Hoffen auf ihn gestoßen. Gefunden haben sie Herrn Lüscher über eine seiner regelmäßig erscheinenden überdimensionalen Anzeigen.

Nach knapp elf Monaten »Behandlung« ist die überglückliche Frau Seiler schwanger und schwört nur noch bei »meinem begnadeten Geistheiler«. Was ist geschehen?

Herr Seiler erhielt (gegen hohe Bezahlung) ein größeres Fläschchen mit einer durchsichtigen Flüssigkeit, schwer versiegelt, mit seinem Namen beschriftet. Es wurde ihm in einer komplizierten Abfolge von Segnungen und Gebeten feierlich überreicht. Dazu die Anweisung, allabendlich (ob Beischlaf oder nicht) von seiner Frau die Eichel seines Penis mit der Flüssigkeit abzutupfen zu lassen, während er ihre Scheide von bloßer Hand damit einreiben mußte.

Und dann? Nicht nur heilte die chronische Eileiterentzündung von Frau Seiler allmählich – sie wurde sogar (endlich!) schwanger.

Der bereits erwähnte Chemiker überprüfte diese wundersame Flüssigkeit und fand nur gewöhnliches Leitungswasser, nicht mal speziell sauber. Übereinstimmende Diagnose mit zwei Gynäkologen: »Autosuggestiver Glaube mit psychologischer Rückwirkung und hohem Zufallsfaktor«.

Der Hergang

Man kann deutlich die peinvolle Scham zweier prüd erzogener Menschen nachvollziehen, die plötzlich verpflichtet werden, jeden Abend den Intimbereich, also eine Tabuzone, ihres Partners einstreichen und massieren zu müssen. Doch es mußte ja einer »guten Sache wegen« geschehen. Und war die vielversprechende

Flüssigkeit nicht sogar gesegnet worden? Dadurch wurde zum ersten Mal, aller Erziehung und allen Hemmungen zum Trotz, auf indirekte Weise Lustempfinden erlaubt und ermöglicht – eine gänzlich neue Erfahrung für beide. Langsam schwanden die inneren Widerstände, eine sexuelle Beziehung baute sich auf. Dadurch stellte sich eine Besserung im Befinden von Frau Seiler ein, was gleichzeitig die Heilung einleitete. Und dann eine Schwangerschaft.

Frau Seiler stammt aus einem religiösen, eher körperfeindlich eingestellten Elternhaus. Sie kann sich nicht erinnern, die Eltern je nackt gesehen zu haben, noch wurde das Thema Geschlechtlichkeit angesprochen. Zur Konfirmation erhielt Frau Seiler ein Aufklärungsbuch mit Illustrationen. Wie von ihr erwartet, ging sie als Jungfrau in die Ehe. Das Gleiche galt für ihren Mann. Die körperliche Beziehung der Eheleute war – wie schon bei den jeweiligen Eltern erlebt – verkrampft und absolut kein Thema. Außerdem hatte Frau Seiler unregelmäßige und schmerzhafte Monatsblutungen. Dann begannen die Beschwerden mit den Eileitern, verbunden mit schlimmen Entzündungen. Und schließlich wurden sie und ihr Mann damit konfrontiert, daß sie mit großer Wahrscheinlichkeit nie Kinder haben würden...

Der Besuch beim »parapsychologischen Geistheiler« war für die Eheleute Seiler ein deutlicher Verstoß gegen sämtliche moralisch-religiösen Grundsätze. Darin können wir auch den Grad der Verzweiflung der beiden erkennen.

Wiederum Zufall? Oder Irrglaube? Oder tatsächlich parapsychologische Kräfte?

Umstände und Folgen – eine Zusammenfassung

- In allen drei Beispielen war der/die Betroffene *seelisch* und körperlich bereit und »offen« für eine *Veränderung* eines als belastend empfundenen Zustandes. Alle befanden sich in einer *Krisensituation.*
- In allen drei Beispielen hatten ärztliche Hilfe und/oder gängige Rezepte nichts genutzt. Dadurch entstand ein Gefühl der *Isolation*, des *Selbstzweifels* und ein steigender Bewußtheitsgrad, *»etwas Außergewöhnliches«* zu sein.

Isolation + Selbstzweifel durch Krisensituation + Versagen gängiger Methoden = körperliche und seelische Bereitschaft für Außergewöhnliches

- Durch die jeweilige Krisensituation war in allen drei Beispielen der Weg offen, daß der/die Betroffene auf seine ganz persönliche Art bereit war, eine *Anweisung* entgegenzunehmen, die auf jeden Fall *außergewöhnlich* war. Der zweite Schritt bestand dann darin, eine *Handlung* auszuführen oder zu erdulden, deren Ablauf unbedingt von allem Herkömmlichen auf *befremdende oder gar schockierende* Art abwich.

Bereitschaft für Außergewöhnliches = Offenheit für bahnbrechende Umstellungen und Veränderungen

Ich habe diese drei erstaunlichen Heilungen aus einem weit spektakuläreren Berg Unterlagen und Untersuchungen herausgesucht, weil die Themen derart alltäglich und nebensächlich erscheinen.

Die Heilungen und deren Verläufe sind vom Human-Medizinischen her nicht nachvollziehbar, noch können sie im weiteren Feld der Alternativ-Medizin angesiedelt werden. Sie entbehren völlig kompetenten Sachverstands, bewährter Erkenntnisse und anerkannter Praktiken – sie sind bar jeglicher Logik. Kurz: Sie halten keinerlei seriösen Überprüfungen und Nachforschungen stand. Aber etwas läßt sich weder wegdiskutieren noch wegargumentieren: die tatsächlich stattgefundenen Heilungen! Also doch übernatürliche Kräfte? Vielleicht Magie? Da sträubt sich etwas in uns ganz entschieden.

In unserem aufgeklärt-fortschrittlichen, mitteleuropäischen Kulturbereich sind wir längst nicht mehr bereit, einen solch archaisch geprägten Begriff wie Magie ernst zu nehmen. Doch billigen wir ihn durchaus anderen Völkern zu – vorausgesetzt, er steht in einem anscheinend alles erklärenden exotisch-geographischen Zusammenhang wie: im Herzen Afrikas... im wilden Kurdistan... irgendwo in Neu-Guinea... im finstersten Harlem... im Landesinneren von Haiti usw.

Damit wird impliziert, daß uns unverständliche Begebenheiten und Umstände wohl eine Existenzberechtigung haben – allerdings unter der Bedingung, möglichst weit entfernt zu sein und andere, uns fremde Kulturbereiche zu betreffen. Wenn wir, höchst interessiert, von den Zaubern und Beschwörungen des obersten Medizinmannes der Txucarramae am Rio Xingo im brasilianischen Urwald hören, können wir durchaus mit einem freundlich-verständnislosen Kopfschütteln reagieren. Schwieriger wird es für uns, wenn die Nachbarin von nebenan allen Ernstes behauptet, ihr akutes Magengeschwür sei inzwischen verschwunden, weil sie einmal um Mitternacht, bei Vollmond, ihre gesamten, wenig nützenden Medikamente zuhinterst im Garten verscharrt habe, vorher siebenfach bespuckt und umwickelt von getragener Unterwäsche...

Rituale: Bezug zu sich und zu anderen

Doch zurück zu unseren drei Heilungen. Treten wir doch – sozusagen – geistig einen Schritt zur Seite, und betrachten wir das Geschehene »von außen«. Wo können wir gedanklich einhängen? Was sind denn die Tatsachen? Nun, diese Heilungen weisen einige Gemeinsamkeiten auf, abgesehen davon, daß sie (viel) Geld kosten: es *mußte* immer etwas, aktiv und persönlich *getan* oder absichtlich und freiwillig *erlitten* werden.

In der ersten Geschichte *mußten* verschiedenste Ingredienzien *zusammengesucht* und *vermischt* werden. Anschließend *mußten* in regelmäßigen Zeitabständen die betroffenen Stellen *betupft* werden.

In der zweiten Geschichte *mußte* der Nikotinabhängige sich einer mysteriösen Prozedur unterziehen, um dann lebenslänglich einen goldenen Ohrstecher *tragen* und zudem anfänglich Eukalyptuspastillen *lutschen zu müssen*.

In der dritten Geschichte *mußte* unter feierlichen Beschwörungen eine Tinktur entgegengenommen werden, um damit allabendlich sowohl beim Mann wie bei der Frau die Geschlechtsorgane zu *massieren*.

In allen drei Beispielen erkennen wir die *klare* und *autoritäre Aufforderung* einer außenstehenden Person, eine *ganz bestimmte Handlung*, eine *»Beschwörung«*, auf eine *ganz bestimmte Art und Weise* auszuführen, jedesmal mit einer ganz bestimmten Absicht: die Heilung zu erzielen.

Sogenannte »Heiler« (wie Frau Mara, Madame Zeta, Herr Lüscher und viele andere mehr) leben davon, gerade dann »brückenbauend« einzuspringen, wenn hilfesuchende Menschen sich bereits derart in einem Krisenzustand befinden und an sich zweifeln, daß sie *bereit* und *seelisch offen* sind, sich auf etwas einzulassen und etwas zu tun, was sonst normalerweise abgelehnt würde.

Es ist also *weniger die charismatische Persönlichkeit* des Mediums, des »Heilers«, die auf magische Art und Weise eine wie auch immer geartete Veränderung auslöst, sondern die *Einstel-*

lung und Reaktion des Betroffenen zu der vorgeschriebenen Handlung. Durch diese Beschwörung findet – auf vorläufig unerklärbare Weise – eine *Verschiebung* und somit *Änderung eines herkömmlichen oder anerzogenen Standpunktes* statt. Dadurch wurde eine veränderte Kommunikationsweise, ein neuer Bezug zu sich ausgelöst.

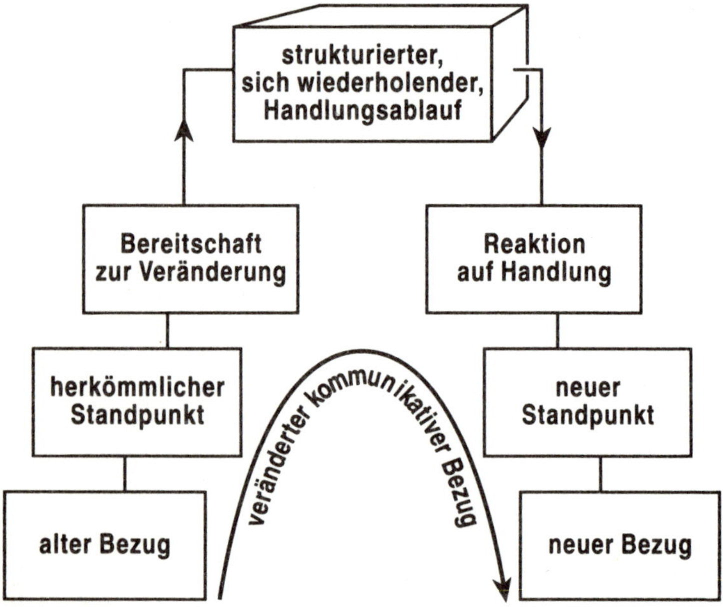

Merke: Durch einen genau strukturierten, eventuell ungewöhnlichen Handlungsablauf kann Bezugnahme »beschworen«, verändert und verbessert werden.

Schauen wir uns zur Illustration nochmals kurz unsere drei Heilungen an. Wo liegt der *veränderte kommunikative Bezug* im Fall der Hautflechte?

Die junge Frau hatte den Bezug (die Kommunikation) zu den von der Hautflechte befallenen Körperteilen verloren. Aus Schamgefühl und zunehmender Frustration wegen der ausbleibenden Heilung hatte sie einen Teil ihres Körpers *geistig «abgespaltet» (Kommunikationsverlust)*. Es bestand keinerlei Vertrauen mehr in die herkömmlichen Behandlungsmethoden (Kortison etc.) – die junge Frau hatte resigniert.

Das Außerordentliche des durch Frau Mara vorgeschlagenen «Pflegeprogrammes» hatte zuerst einmal einen schockierend-aufrüttelnden Effekt. Dann wurde das Ganze untermauert durch einen starken *Eigenbezug* (eigener Urin, persönliche Einkäufe, selbständiges Mischen der Ingredienzien, häufige und regelmäßige Selbstbehandlung).

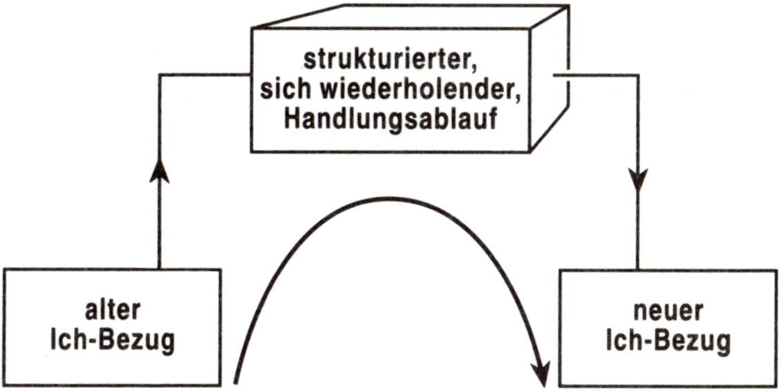

Merke: Stärkung des Eigenbezuges = Herstellung eines veränderten und neuen kommunikativen Zuganges zu sich selbst

Die junge Frau begann sich allmählich wieder zu spüren und den geistig »abgespalteten« Körperteil wieder zu integrieren, also anzunehmen. Sie nahm *den Dialog zu sich selbst* wieder auf – und erzielte eine Heilung. Nicht die eigenartigen Ingredienzien ließen die Haut regenerieren – sondern die Tatsache, daß regelmäßige Zuwendung und Aufmerksamkeit (Ansprache) gewährleistet wurden, dort, wo sich Widerwille und Resignation (Kommunikationsverweigerung) breitgemacht hatten.

Heilung durch Kommunikation zu sich selbst

Wo liegt der *veränderte kommunikative Bezug* im Fall der Kinderlosigkeit?

> Beide Eheleute Seiler hatten sowohl zu sich selbst wie zum Partner einen eingeschränkten körperlichen Bezug, der auf einer eher asexuellen Erziehung und mangelnder Aufklärung und Information basierte. Auf der sexuellen Ebene gab es somit nur die allernötigste Kommunikation. Auch hier können wir von einem gefühlsmäßigen »Abspalten« reden. Frau Seilers Unterleibsbeschwerden wären dann als Signale, als Frusterscheinungen, als *Ruf nach Aufmerksamkeit* (Ansprache) zu verstehen. In dem Moment, als durch die verordnete gegenseitige »Massage« diese Bezugnahme, die *neue Kommunikationsart*, hergestellt wurde, erhielt das jahrelang »abgespaltene« Lustempfinden seine *Daseinsberechtigung* und damit seine *Entfaltungsmöglichkeit*. Sexuelle Ansprüche, bis dahin verboten, durften jetzt gespürt werden.

Das »Pflegeprogramm« mit dem medizinisch völlig nutzlosen »Heilwasser« gab dem Ehepaar Seiler auf indirekte Art die Erlaubnis, sich einander *sexuell-kommunikativ* zu nähern. Dadurch waren auch Frau Seilers Beschwerden nicht mehr »nötig«, der *Dialog* mit sich und ihrem Ehemann war hergestellt.

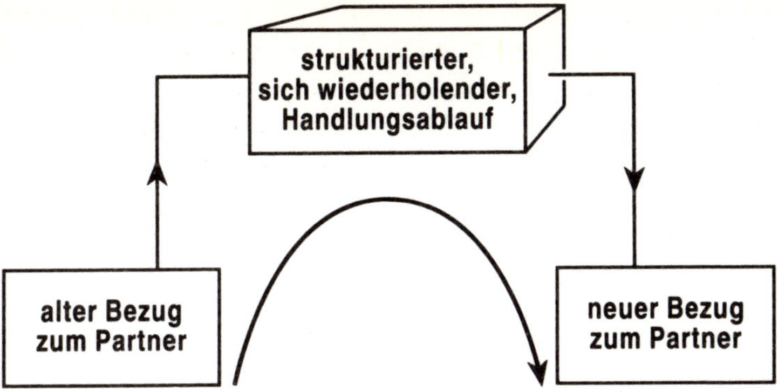

Heilung durch erweiterte und veränderte Kommunikation zu sich und dem Partner

Wo liegt der *veränderte kommunikative Bezug* im Fall der Nikotinsucht?

Herr Rolfer gehört zu den sogenannt »kopflastigen« Menschen. Seine intellektuell-analytischen Fähigkeiten schienen ihm zuverlässiger als seine gefühlsmäßigen. Darunter litt sein Eigenbezug, er nahm sich selbst als sensibles, überstrapaziertes Individuum nicht mehr genügend wahr. Die Schädigung durch das Nikotin war ihm wohl geistig nachvollziehbar, körperlich und gefühlsmäßig aber unwesentlich. Madame Zetas »Behandlung« löste in Herrn Rolfer eine Serie negativer Gefühle aus, die er allesamt nicht unter kopflastiger Kontrolle hatte. Sowohl Madame Zeta, wie deren »Pflegeprogramm« können als *Negativ-Vehikel* (Abneigung, Ekel, Wut) zur *Kommunikationseröffnung* mit Herrn Rolfers unzulänglich entwickelter Gefühlsseite betrachtet werden.

Herr Rolfer erlitt, wenn auch widerwillig, eine »Standpunkterschütterung«, die sich nachträglich als gefühlsmäßig positiv in ihm auswirkte.

> Heilung durch schockartig erzwungene Bezugnahme zu den eigenen Gefühlen

Wir haben nun drei verschiedene Heilungsabläufe miterlebt, die jeweils durch vorgeschriebene mysteriöse Handlungen ausgelöst wurden, Handlungen, die alle dieselbe Konsequenz zeigten: Es wurde *Bezug* geschaffen. Dadurch gelangten alle Betroffenen auf ihre mehr oder weniger abgespaltene *3. Kommunikationsebene*, von der aus sie entscheidende Verbesserungen in ihrem Leben bewirken konnten.

Diese genau umschriebenen Tätigkeiten, die einen *kommunikativen Prozeß* zu sich und/oder anderen auslösen – also die 3. Ebene entscheidend berühren –, sind in allen drei Heilungen eindeutig als *»ritualisierte* (sich wiederholende und beschwörende) *Handlungen«* zu erkennen. Also Handlungen, die zwar einen *feierlichen, genau einzuhaltenden und sich wiederholenden Ablauf* haben, entgegen dem herkömmlichen Sprachgebrauch des Wortes *Ritual* jedoch keinerlei religiöse oder gesellschaftliche Bedeutung aufweisen. In allen drei Heilungen dienten die Rituale als *»Beschwörung«*, als Brücke, um wieder – oder überhaupt – *Bezug* zu sich selbst, zum anderen oder zu einer Situation zu finden.

Dabei waren diese vorgegebenen »ritualisierten Handlungen« bei genauerer Untersuchung keineswegs unbegreiflich, noch grenzten sie an Zauberei. Sie vermittelten *unbewußte, positive Botschaften*, die sich auf der 3. Kommunikationsebene, auf der *Bezugs-Ebene*, auswirkten. Sie rührten an das Unbewußte und veränderten heilsam eine erstarrte Optik, eine deutliche Befangenheit in sich selbst.

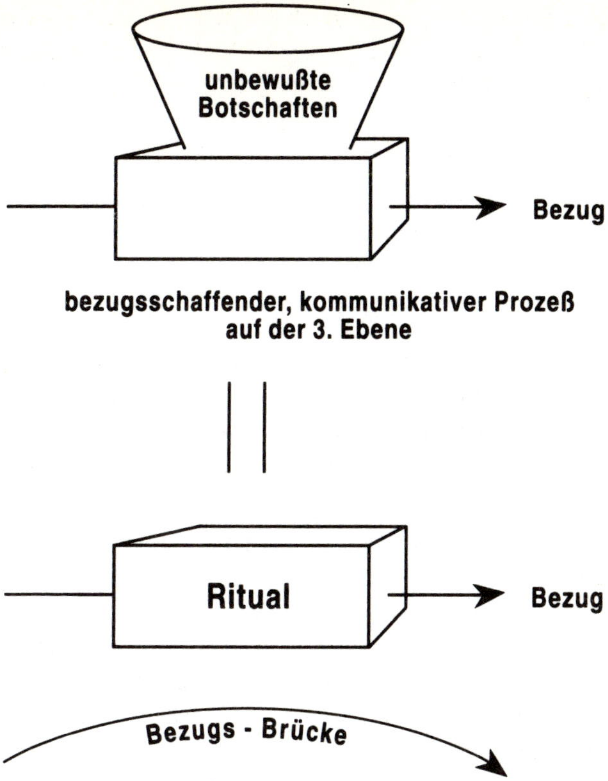

Rituale beschwören Bezug

Die (Beschwörungs)Kraft der Rituale

Verstehen Sie nun, weshalb selbst hochkarätige Kommunikationsseminare auf halbem Weg stecken bleiben? Es gibt noch keine Kurse über die *Bedeutung von Ritualen*, geschweige über deren Aufschlüsselung und *Beschwörungskraft*. Der Weg zur 3. Kommunikationsebene ist noch weitgehend unerforscht. Ohne das Erkennen der integrierenden Kraft der Rituale bleibt die Frage: »Wie schaffe ich besseren Bezug?« unbeantwortet im Raum stehen.

Mit viel »Fingerspitzengefühl« bedient sich ein Medium (in unseren Beispielen: »Heiler«) solcher auf Intuition beruhenden Bezugs-Rituale, mit deren Botschaften eine *Bewußtseins-Erweiterung* erzielt wird. Gerade Rituale, die hergebrachte Vorstellungen und Einstellungen erschüttern, »beschwören« *auf jeden Fall* irgendwelche Veränderungen, die zwangsläufig mit einer neuen Einstellung, einer anderen Bezugnahme verbunden sind – sei es nun zu sich selbst, zu anderen Menschen oder zu Begebenheiten. Plötzlich kann eine Situation anders wahrgenommen und dadurch erfolgreicher bewältigt werden.

Ganz offensichtlich können durch bestimmte Rituale *ungeahnte menschliche Energien* beschworen und freigelegt werden. Wenn sogar Heilungen stattfinden können – wie *bahnbrechend* ließen sich dann speziell entwickelte Rituale einsetzen, um mit Alltagssituationen – im beruflichen und privaten Bereich – kommunikativ besser und erfolgreicher umgehen zu können!

Menschen würden sich besser verstehen, Mißverständnisse und Konflikte könnten größtenteils ausgeschlossen werden und Zusammenarbeit wäre effizienter und mit weniger kommunikativen Reibungsverlusten verbunden. Durch gezieltes Entwickeln bestimmter Rituale besteht durchaus die Möglichkeit, nicht nur im Einzelfall Positives auslösen zu können, sondern *ganze soziale Beziehungssysteme zu verändern und zu verbessern.*

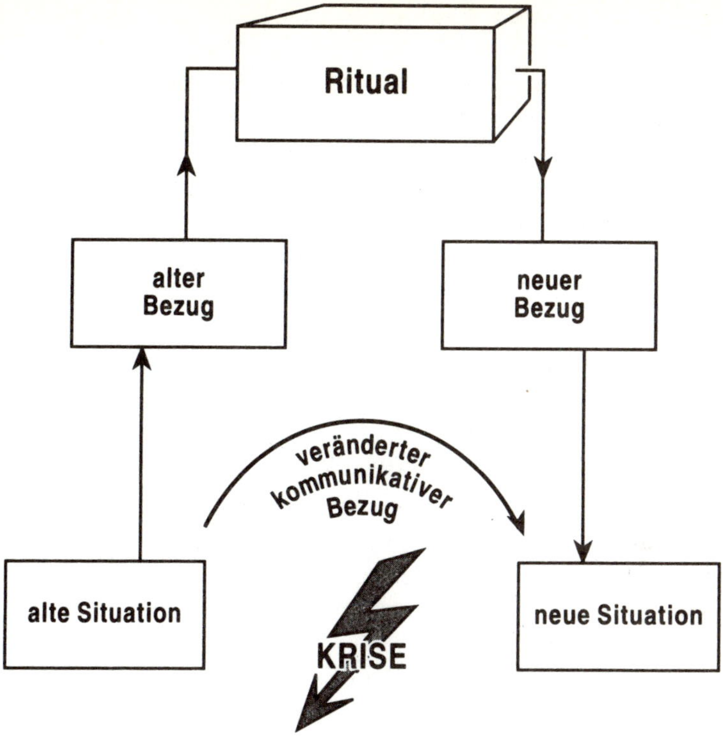

Mehr Erfolg im Leben durch Rituale –
Die Kraft der Rituale

Rituale gehören in die *3. Kommunikationsebene*. Sie dienen als »Verpackung« für unbewußte Botschaften im Beziehungs-Bereich. Sympathien und Antipathien haben ihre Wurzeln ausschließlich in der Bezugsebene.

Da wir wesentlich ritualisierter leben, als wir meinen, werden wir ständig motiviert oder gebremst durch einen Schub unbewußter Botschaften – ausgesandt von uns oder von anderen.

Mit gängigen Kommunikationstechniken und Erkenntnissen der 1. (Text) und der 2. Ebene (Illustration) läßt sich die Kraft der Rituale nicht erklären. Wohl aber mit dem Wissen, daß sie größtenteils auf urmenschlichen *Strukturbedürfnissen* sowie auf *althergebrachtem Kultur- und Erbgut* (Archetypen) fußen. Es ist anzunehmen, daß kommunikativ erfolgreiche Menschen eine feine Intuition *bewahrt* oder *entwickelt* haben für die Wichtigkeit *zwischenmenschlicher Rituale*. Ein inneres Gespür, das sie dazu befähigt, auf der *3. Ebene* gezielter als andere Bezug zu schaffen, zu sich und zu anderen.

Diese ersten drei Heilungsbeispiele veranschaulichen uns Extrem-Rituale, deren unbewußt-beschwörende Botschaften bestimmten Menschen – schockartig, aber positiv – einen andersartigen Zugang und damit besseren Bezug zu sich eröffneten. Uns wird dadurch gezeigt, daß es meist Krisensituationen braucht, um die Bereitschaft zu entwickeln, sich auf etwas Neues einzulassen und eine andere Optik einzunehmen. Aber dann eröffnen sich – wie von Zauberhand – verblüffende Wege, die ein Leben entscheidend verändern können.

Das heißt nun keineswegs, daß wir in problematischen Lebensphasen zu Heilern pilgern sollten, um eine wirksame Standpunktveränderung in uns zu bewirken. Wir alle sind fähig, durch ein individuelles, spontan eingesetztes Ritual eine neue Sichtweise, einen veränderten Bezug zu bewirken. Manchmal braucht das Entwickeln von Ritualen etwas einfühlsame Phantasie und eine Portion Mut – wichtig dabei ist die positive, aufbauende Botschaft. Dabei müssen Rituale den Umständen und den Menschen angepaßt sein, sonst haben sie keinerlei beschwörende Kraft.

Lesen Sie anhand der nächsten zwei Beispiele etwas über die überraschende Wirkung von individuellen und phantasievollen Ritualen, ausgedacht von Menschen wie du und ich.

Tina und die Warzen

Tina ist neun Jahre alt und hat seit einigen Jahren Warzen an den Händen, die inzwischen auch am Nagelbett wuchern und dadurch die Nägel verformen. Tinas Hände wurden schon mehrmals behandelt: mit ätzenden Säuren, mit Salben, mit Ausglühen und anderen kleinen Operationen. Kurze Zeit danach waren die Warzen immer wieder da – einfach an anderen Orten. Obwohl Tina keine Schmerzen hatte, litt sie doch sehr unter den Hänseleien anderer Kinder. Ihr Spitzname, der ihr ständig die Tränen in die Augen trieb, war »Warzenschwein«.

Ein Onkel von Tina, der im Ausland lebte, war einige Tage auf Besuch. Tina sah ihn nur selten, hatte aber großes Vertrauen in ihn. Er war Tinas Lieblingsonkel, weil er sie (wie sie immer wieder betonte) »wie eine Erwachsene« behandelte. Er nahm sie ernst und fragte sie häufig um ihre Meinung, wenn sie gemeinsam spazierengingen. Tina war dann jeweils sehr geschmeichelt.

Nun erzählte sie ihm unter Tränen von ihrem Leiden. Der Onkel machte ein ernstes Gesicht und sagte, das könne wirklich zu einem schweren Problem werden, falls nicht für sofortige Abhilfe gesorgt werde. Er denke den Tag darüber nach und werde ihr seinen Lösungsvorschlag am Abend, vor dem Gutenachtsagen, mitteilen. Aber sie sollte niemandem etwas davon sagen. Tina war selig und konnte den Abend kaum erwarten.

Wie vereinbart nahm der Onkel Tina kurz vor dem Zubettgehen auf die Seite, setzte sich mit ihr hin und zündete, leise murmelnd, eine Kerze an. Dann nahm er seinen Kugelschreiber und ein vorbereitetes Blatt Papier aus seiner Tasche und sagte zu der erwartungsvollen Tina, sie würden nun einen Kaufvertrag aufsetzen. Da die Warzen nicht von selbst oder durch Medikamente verschwinden wollten, würde er, der Onkel, sie nun Tina abkaufen – das müßte aber vertraglich eindeutig geregelt werden. Er zahle für jede Warze dreißig Pfennige. Worauf Tina und er Warzen zu zählen begannen. Sie kamen auf 17 Stück und Tina rechnete aus, daß ihr Onkel 510 Pfennige, also 5 Mark 10 Pfennige bezahlen müsse. Das Geld dürfe erst dann ausgegeben werden, wenn auch die letzte Warze begriffen habe, daß sie verkauft sei und damit auch zu verschwinden habe, mahnte der Onkel ernst. Tina war voller Spannung und unterzeichnete den aufgesetzten »Kaufvertrag« zwischen ihr und ihrem Onkel.

Zwei Wochen später war die letzte Warze tatsächlich spurlos von den Händen verschwunden, und Tina durfte glücklich über die »Kaufsumme« verfügen. Es erübrigt sich wohl, zu sagen, daß durch dieses erfolgreiche Ritual Tinas Onkel in seinem Ansehen nochmals um mehrere Grade stieg...

Mariannes Depression

Marianne war seit Jahren immer wieder schwer depressiv, dabei konstant in therapeutischer Behandlung. Sie war zeitweise fest davon überzeugt, minderwertig, dumm und häßlich zu sein. Immer dann, wenn ihr seelischer Zustand es zuließ, besuchte sie irgendwelche Kurse und Seminare, um ihren Wissensstand aufzubessern. Mit ihren Diplomen hätte sie spielend die Hälfte ihres nicht gerade kleinen Wohnzimmers tapezieren können. Doch war es ihr nicht möglich, sich daran zu freuen.

Marianne lebte alleine – was häufig als Grund für ihre seelischen Zusammenbrüche angenommen wurde. Solange es ihr gut ging, pflegte sie ihren kleinen und interessanten Freundeskreis, bis sie sich wieder zurückziehen mußte, vollkommen erschöpft durch ihre Seelennot.

Bereits zweimal hatte sich Marianne freiwillig in eine Nervenheilanstalt einweisen lassen. Dort ging es ihr jeweils verhältnismäßig gut – es waren ja auch Oasen in ihrem Schmerzensdasein. Mit Mühe und Not kämpfte sich Marianne sonst durch ihren Alltag. Ab und zu kamen ihr Selbstmordgedanken, die sie als überzeugte Katholikin aber immer entschieden von sich wies.

Marianne war im Verlauf ihrer langjährigen Krankheit zu einem wandelnden Gesundheits-Lexikon geworden. Kaum ein Symptom, das ihr kein Begriff war. Es war ihr auch bewußt, wie sehr sie ihre jeweiligen Ärzte mit ihrem Wissen nervte. Sie war durchaus in der Lage, ihren Therapeuten genau zu erklären, warum ein therapeutischer Ansatz bei ihr nichts auslöste.

Es war so schlimm geworden, daß sich bei Marianne eine Art stoischer Ruhe einstellte, nach dem Motto: das Leben ist ein Jammertal und da muß man eben – mehr schlecht als recht – durch. Mittlerweile war sie nur noch zu fünfzig Prozent arbeitsfähig und begann, deutliche Anzeichen einer Medikamentensucht zu zeigen.

»Warum schreibst du dir nicht mal alles von der Seele?« fragte eine Freundin, als Marianne eine Verabredung absagen mußte, weil sie sich wieder mal völlig entkräftet in einer besonders schwarzen Depression befand. Etwas brüsk erwiderte Marianne, sie sei nicht in der Lage, Gedanken so zu sammeln, daß sie sie niederschreiben könne. »Macht doch nichts,« erwiderte die Freundin fröhlich, »ich bringe dir mein Diktiergerät vorbei. Du sprichst einfach rein, wann du magst, und ich schreibe es dann für dich auf.« Irgendwie hatte die Idee für Marianne etwas Verlockendes, denn sie versprach eine einfache Abwechslung in diesem grauen Zustand der totalen und gefühllosen Apathie.

Tag für Tag, häufig auch in der Nacht, begann Marianne nun auf Tonband zu sprechen. Manchmal mühsam nach Worten ringend, manchmal weinend, dann wieder wie ein Sturzbach Sätze aneinanderreihend. Und getreulich schrieb die Freundin alles ins Reine. Nie las Marianne nach, was sie gestammelt, geschrien und in endlosen Sätzen von sich gegeben hatte. Der Stapel beschriebener Blätter aber wuchs zusehends. Und nie machte die Freundin eine Anspielung oder stellte eine Frage – sie kam einfach alle zwei Tage kurz vorbei, brachte die Blätter und leeren Kassetten und nahm die besprochenen wieder mit.

Als Marianne nach etwa drei Wochen langsam aus dem Tief auftauchte, fielen ihr zwei Sachen auf:

1. Sie fühlte sich erstaunlich frisch – sie hatte nur etwa ein Drittel des sonstigen Medikamentenbedarfes zu sich genommen –, also völlig unregelmäßig auf die vorher unver-

zichtbaren Tabletten zurückgegriffen und sie zeitweilig sogar vergessen.
2. Sie hatte keinen einzigen Termin bei ihrem Psychotherapeuten wahrgenommen.

Marianne verabredete sich mit ihrer Freundin und versuchte gemeinsam mit ihr zu begreifen, was eigentlich geschehen war. Auf dem Tisch lag der Stapel Blätter mit Mariannes unendlicher Leidensgeschichte. Nach langem Gespräch einigten sich die beiden Frauen darauf, daß Marianne sich einen Teil ihrer depressiven Last »von den Schultern« geschrieben hatte und gleichfalls »von der Seele«.

»Was soll ich jetzt tun?« fragte Marianne. »Du kannst doch nicht ein Leben lang meine Monologe aufschreiben. Zudem glaube ich, ich habe alles schon gesagt.« Die Freundin lächelte nur und meinte: »Mir machte das nichts aus, ich mag dich. Aber wenn du jetzt ›leer‹ bist – wirf das ganze Geschreibsel doch in den Kamin. Weißt du ... Phönix aus der Asche ... und so.« Marianne überlegte kurz und zündete ein großes Kaminfeuer an. Sie kniete sich nieder und verbrannte feierlich Blatt für Blatt die Geschichte ihrer überstandenen Mühsal. Fasziniert schaute sie zu, wie sich die Blätter in der Hitze krümmten, zu brennen begannen und dann, ihren Nachtgespenstern gleich, sich in die Luft erhoben, um zuletzt als verkohlte Fetzen zurückzuschweben.

Lassen wir Marianne abschließen: »Ich brauchte noch etwa drei Monate, um von den jahrelang benötigten Medikamenten völlig loszukommen. Ich habe nie mehr eine Depression erlitten, noch irgendwelchen Zusammenbruch. Zum Therapeuten gehe ich ab und zu, um Vergangenes aufzuarbeiten und meine Lebenssituation zu überprüfen – mehr brauche ich nicht mehr. Ich bin hundert Prozent arbeitsfähig und genieße mein Dasein. Plötzlich hat mein Leben Farben erhalten. Ich werde meiner Freundin nie genug danken können, daß sie mir ein Ritual schenkte, das irgendwie aus mir einen neuen Menschen machte.«

Die Wendung zum aktiven Bezug

Beide Fälle sind einander im Verlauf ähnlich. Wir können schwerlich erklären, was nun tatsächlich geschah mit den Warzen und der Depression. Doch eines wissen wir inzwischen genau:

Rituale beschwören Bezug

In jedem der beiden Fälle beschwor das jeweilige Ritual eine *neue Bezugnahme*: das vorerst passive »Opfer« übernahm durch das Ritual einen aktiven Part.

- Tina erlebte *passiv*, wie ihre Warzen weiter wucherten – trotz verschiedener Eingriffe von außen. Erst durch das vorgeschlagene Ritual ihres Onkels konnte sie erstmals einen *aktiven und positiven Bezug* entwickeln: sie unterzeichnete einen »Kaufvertrag« für ihre Warzen, sie übernahm dadurch die *Eigeninitiative* – und trat aus der Opferrolle heraus.
- Marianne erlebte *passiv*, wie ihre Depressionen überhand nahmen – trotz aller Hilfe von außen. Erst durch das vorgeschlagene Ritual ihrer Freundin konnte sie erstmals einen *aktiven und positiven Bezug* entwickeln: sie schrieb sich ihre Krankheit »von der Seele« und verbrannte abschließend und definitiv ihre Leidensgeschichte. Sie übernahm eine *Eigeninitiative* – und trat aus ihrer Opferrolle heraus.

Beide Male also eine magisch anmutende Genesung durch einen *Eigen-Bezug*, eingeleitet und beschworen durch ein Ritual.

Warum das Wort Magie? Weil uns die kommunikativen Abläufe nicht ersichtlich waren. Es folgten weder Berührungen noch andere ersichtliche äußere Einflüsse. Die Auswirkungen der Rituale verliefen ausschließlich über den beschworenen geistig-seelischen Bereich – deswegen muten uns die konkret-körperlichen Folgen »magisch« an.

Das Erkennen dieser *magischen Kraft* der Rituale sollte neue und innovative Denkprozesse anregen. Gerade bei sozialen oder helfenden Berufen, die unmittelbar mit Menschen zu tun haben, liegt es nahe, *Stütz- und Heil-Rituale* gezielt und individuell zu entwickeln. Um wieviel schneller könnten zum Beispiel seelische Entwicklungs- und Heil-Prozesse (Psychotherapien) durch-

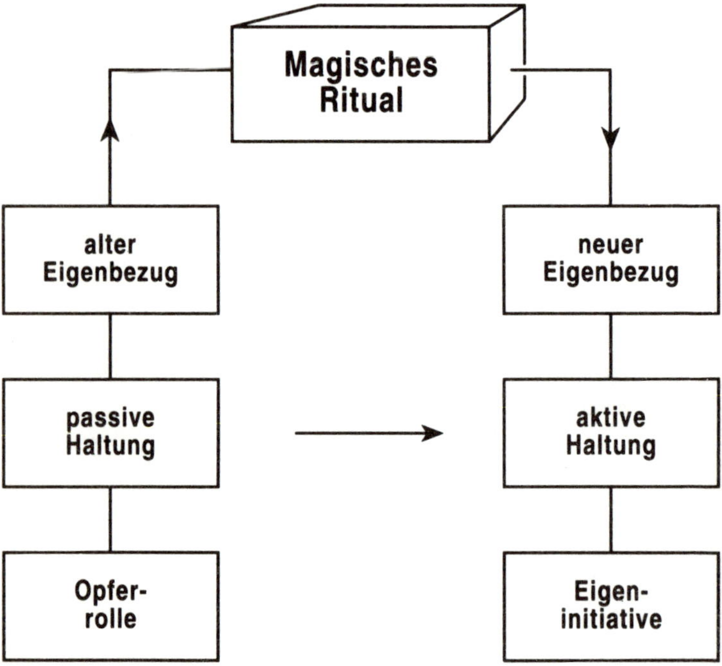

schritten werden, wenn das »richtige« Ritual für den Betroffenen gefunden würde. Ein Ritual also, das auf der Bezugsebene Selbstheilungskräfte heraufbeschwört und dadurch jahrelange Abhängigkeiten vermeidet.

GESELLSCHAFTLICHE RITUALE

Es wäre nun ein Fehler, anzunehmen, daß der Gebrauch von bezugschaffenden Ritualen Extremsituationen vorbehalten bleibt. Im Sinne von: mir geht es gut, ich brauche keine Rituale zu entwickeln. Um dann zu erleben, wie es doch – irgendwann mal – im Bezugsfeld kriselt.

Und es braucht weder einer Krise noch einer Katastrophe, um sich um bessere Kommunikations- und Bezugsformen zu bemühen. Es könnte doch ein Ziel sein, unsere Bezugsebene auch in »Friedenszeiten« zu beschwören, die Kraft der Rituale zu erkennen und zu unserem täglichen Wohl einzusetzen. Denn ohne es zu wissen, senden und empfangen wir sowieso ständig unausgesprochene Botschaften und Signale, versteckt in alltäglichen Ritualen.

Beispiel: In unserer Gesellschaft gilt Händeschütteln als Begrüßungs- und Verabschiedungs-Ritual, manchmal auch als »Besiegelung« einer mündlichen Abmachung. Die offene Hand symbolisiert eine friedfertige, eine ehrliche Haltung: Ich bin bereit. Ich habe keine Waffe in der Hand, ich berühre deine (auch friedfertige) Hand. Ich signalisiere dir meine Kraft (Druck), aber auch meinen Respekt (Augenkontakt). Dabei halte ich dich mehr oder weniger auf sichere Distanz (Ellbogenbeuge), ich vereinnahme dich nicht (denn ich umarme dich nicht) – ich trete (oder trat) kurzfristig in Kontakt mit dir.

Wir werden uns im folgenden ausführlich mit verschiedenen Ritualen auseinandersetzen – unser Alltag strotzt davon. Je bewußter uns Rituale mit ihren Botschaften werden, desto fruchtbarer können wir deren *kommunikative und kreative Energien* für uns nutzen, desto sicherer fühlen wir uns auf unserer 3. Ebene. Wir haben es dann einfacher, Bezug zu finden und zu schaffen – sei es zu uns oder zu unseren Mitmenschen.

Außerdem werden wir in der Lage sein, nötigenfalls *eigene und situationsangepaßte* Rituale zu entwickeln, die uns zu bewußteren »Kommunikatoren« machen.

Doch vorerst untersuchen wir uns bereits vertraute Rituale auf deren Botschaften und Auswirkungen.

Das Trauer-Ritual – der Umgang mit Negativ-Gefühlen

Die Botschaft des Rituals

Rituale entsprechen einem menschlichen Grundbedürfnis nach Schutz und Stütze, vor allem in Krisensituationen. Wir alle kennen solche Rituale, die wir mehr oder weniger bewußt ausüben. Gerade bei seelischem Schmerz suchen wir instinktiv *Trost in überlieferten Handlungs-(Kommunikations-)Abläufen*: Denken wir nur an unsere Trauer-Rituale beim Ableben eines uns nahen Menschen. Hier wird in unserer Kultur in zwei Schritten eine Kommunikationsbrücke zu Trennungsschmerz, negativen Gefühlen, Ablösungsprozeß und Selbstfindung vermittelt.

1. Schritt: Durch das Zusammenkommen von Familie und Freunden und das gemeinsame »Abschiednehmen« von dem Verstorbenen entsteht ein Gefühl des Geborgen- und Aufgehobenseins bei den Trauernden. Die Versammelten symbolisieren ein Kollektiv, eine Art Ursippe, eine Großfamilie, in der keiner alleine eine belastende Situation bewältigen muß. Die feierliche(n) Rede(n), dem Toten gewidmet, gibt (geben) die »Erlaubnis«, den Gefühlen freien Lauf zu lassen. Noch einmal werden in ritualisierter Gemeinsamkeit verschiedene Lebensetappen des Verstorbenen vor Augen geführt und bewußtgemacht, damit der Trauernde in tröstender Begleitung Schritt für Schritt seine Erinnerungen an den Toten nochmals geistig durchleben und erfühlen kann. Dadurch wird das Sich-Öffnen für Ablösungsgefühle und Trennungsschmerz leichter gemacht oder überhaupt erst ermöglicht. Dann kann eine Katharsis, eine »Läuterung«, eventuell sogar eine positive Bewußtseinsveränderung – eine neue Lebenseinstellung – durch ungehemmtes Schmerzempfinden entstehen. Die Angst vor Einsamkeit und die Abwehr, Vergänglichkeit anzunehmen und zu integrieren, schwindet. Unterstützt wird dieser seelische Prozeß durch das Anhören der Trauerrede, den Trauergottesdienst. Denn hier entsteht bereits »Geschichte« – und dadurch Vergangenheit. Das innere Loslassen ist sanft eingeleitet. Das anschließende Begräbnis wirkt dadurch weniger grausam in seiner Endgültigkeit.

2. Schritt: Beim gemeinsamen Leichenmahl ergibt sich wieder, in leichterer Form, die Gesprächs- und Klagemöglichkeit. Der körperliche Abschied durch das Begräbnis ist vorbei. Jetzt symbolisiert das Ritual des Essens und Trinkens bereits die Rückkehr in den Alltag, ins Weiterleben. Im Gegensatz zum Toten *müssen* die Lebenden sich ja ernähren. Ein erster, realistischer Schritt in eine Zukunft ohne den Verstorbenen ist getan, die Neuorientierung kann beginnen.

All diese gemeinsam durchlebten Trauer-Rituale haben die Funktion und das Ziel, den seelischen Schmerz- und Trennungsprozeß einzuleiten, zu stützen und genesend zu begleiten.

Begräbnis-Rituale als stützendes Gemeinschaftserlebnis für Trost, Ablösung und Neuorientierung

Eine ganze Skala von Gefühlen kann durch Begräbnis-Rituale »thematisiert« werden. Bisher war von Schmerz und Ablösung die Rede – hier diente das Ritual vor allem dem Trost durch die Unterstützung der Gemeinschaft. Kommunikationssysteme in der Familie und im näheren Umkreis wurden erschlossen, neu erlebt und gestärkt. Sie sollen nun seelischen Halt vermitteln in der ersten und schwierigsten Trauerphase.

Negativ-Gefühle – ein unlösbares Problem?

Was aber ist mit den sogenannten Negativ-Gefühlen? Was geschieht, wenn Selbstvorwürfe und Schuldempfinden beim Ableben eines Menschen vorherrschen? Hier nun dient das Begräbnisritual als Kommunikationsbrücke zu einem besseren Verständnis der eigenen, negativen oder widersprüchlichen Empfindungen, als eine Entspannung für die inneren Verkrampfungen und Widerstände dem Toten gegenüber. Vielleicht starb er »zu früh«, weil unerwartet. Dadurch wurden gewisse Gefühlsbereiche mit dem Verstorbenen nicht ausgelebt, sondern sogar abgelehnt. Die schwersten Schuldgefühle können dann eine Konsequenz sein, gemischt mit dem quälenden Empfinden, man hätte vielleicht »mehr« tun sollen zu Lebzeiten des Verstorbenen: mehr Ansprache geben, mehr Bemühungen nach Kontakt zeigen, versöhnlicher sein, mehr... Vielleicht wäre dann alles anders geworden und man würde sich jetzt nicht so schuldig fühlen.

Hier dient zur Läuterung vor allem das Ritual des Einäscherns und/oder der Beerdigung des Toten. Das Begräbnis als Schlußpunkt des irdischen und körperlichen Lebens (Erde zu Erde) symbolisiert menschliche Vergänglichkeit. Wir werden gezwungen, zu akzeptieren, daß wir nichts rückgängig machen können. Aber sehr wohl die Möglichkeit wahrnehmen könnten, besser mit unserer Zukunft umzugehen. Also in unserer doch relativ kurzen Lebensspanne eine großzügigere und offenere Einstellung uns selbst und anderen gegenüber anzunehmen oder zu entwickeln – bevor es (wieder) zu spät ist.

Mit dem erworbenen Wissen, wie quälend unterlassene und zu lange aufgeschobene Bezugnahme und Kommunikation spürbar wird, können gerade diese schmerzlichen Schuldgefühle die Chance und Brücke sein, in Zukunft das eigene Leben bewußter zu gestalten und toleranter auf Mitmenschen zuzugehen.

Und was ist mit aufgestauter Wut, Ablehnung oder gar Haß einem zu Lebzeiten schwierigen oder gar ungeliebten Menschen gegenüber? Gefühle, denen man jetzt noch hilflos und einsam ausgeliefert ist, da der Auslöser (oder gar das Feindbild) verstorben ist – also keinerlei Auseinandersetzung, geschweige denn Versöhnung, mehr stattfinden kann?

Negativ-Gefühle Toten gegenüber haben immer konkrete Anhaltspunkte: unbewältigte, zu Lebzeiten teilweise verdrängte Krisen und Spannungen, schmerzhafte Ereignisse, Demütigungen usw.

Hier kann ein verständnisvoller und sensibler Ritualträger (Pfarrer, Priester usw.) durch das Vermeiden jeglicher Unehrlichkeit und Heuchelei eine klärende, wenn auch späte, »Verarbeitungssituation« schaffen. Zwar läßt sich mit dem Toten nichts mehr bereinigen, wohl aber mit sich selbst. Durch offene Gespräche und verständnisvolle Trauerrede(n) kann vieles angesprochen und offengelegt werden. Dadurch ergibt sich eine gefühlsmäßig dringend notwendige Abgrenzung dem Toten gegenüber. Mit einfühlsamen Worten kann der Ritualträger deutlich machen, daß nicht Trennungsschmerz und Trauer überwiegen müssen, sondern daß es in diesem Fall zulässig und wichtig ist, Negativgefühle wie Ablehnung, Enttäuschung, Wut usw. auszusprechen und nötigenfalls auszuleben (eventuell in einer Therapie).

So entsteht jetzt, vielleicht zum ersten Mal, ein befreiendes Ventil: zum Teil emotional-heftige Gespräche und Auseinandersetzungen über den Toten, ein Hervorbrechen lange aufgestauter Aggressionen, eingeleitet und begünstigt durch diese späte Form der Bezugnahme. Schmerzhaft Erlebtes mit dem Toten wird jetzt zur Verarbeitung freigegeben. Auch hier darf eine Klärung, eine Läuterung stattfinden, damit ein neuer Anfang ohne aufgestaute und belastende Emotionalitäten gesucht werden kann.

Begräbnis-Rituale als Ventil für Negativ-Gefühle und Chance für Neubeginn

Unsere Trauer-Rituale erfüllen zweierlei Funktionen auf der 3. Kommunikations-(Bezugs-)Ebene:

- Das *Gemeinschaftsgefühl* in der Trauergemeinde tröstet und vereint uns, macht uns seelisch stärker und ermöglicht uns dadurch eine Brücke zu einer Erweiterung und Verbesserung unserer Beziehungs- und Kommunikationssysteme, zu einem Neuanfang.
- Die *Grablegung* hält uns durch ihre Endgültigkeit und Vergänglichkeitssymbolik dazu an, eigene Unzulänglichkeitsgefühle abzubauen, verdrängte Aggressionen aufzuarbeiten, Chancen wahrzunehmen und eine kritische und kreative

Standortbestimmung durchzuführen. Mit anderen Worten: unser Leben fortan aktiver und positiver zu gestalten, indem wir unsere innere Einstellung uns und anderen Menschen gegenüber überprüfen. Denn das Leben ist kurz.

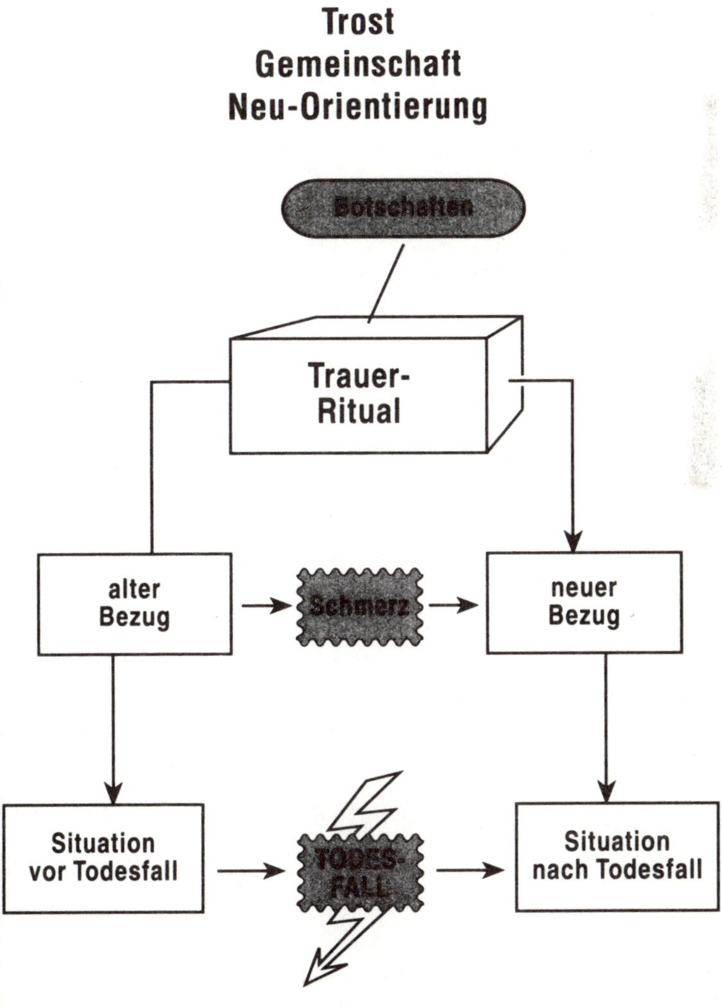

Hedis Mann Wolfram starb an einem Herzinfarkt nach 37 Jahren Ehe. In der ganzen Zeit mußte sich Hedi nie um Finanzen kümmern, geschweige denn eine Steuererklärung ausfüllen. Sie war Hausfrau und es genügte ihr. Hedi wurde von ihrem Mann gönnerhaft-liebevoll umsorgt. Als sie einmal die Absicht äußerte, der Bibliothekskommission beitreten zu wollen, machte ihr Mann ihr klar, daß sie dazu neben dem Haushalt und den Kindern kaum Zeit habe. Hedi blieb einsichtig zu Hause.

Als die Kinder groß waren und ihrerseits Familien gründeten, wurde es einsamer für Hedi. Sie begann, Porzellan zu bemalen und stellte sogar einmal im kleinen Kreis aus – mit Erfolg. Wiederum schritt ihr Mann ein, indem er Hedi darauf hinwies, daß er bald in Pension gehen werde und mit ihr zu reisen wünsche – sie könne sich jetzt also nicht auf eine anspruchsvolle Tätigkeit allzu sehr festlegen. Hedi verstand und lehnte weitere Ausstellungsangebote ab.

Doch bevor die gemeinsame Reisezeit begann, starb Hedis Mann ganz plötzlich. Für sie brach eine Welt zusammen. Zum Glück halfen die Kinder, die sowieso peinlichst in Ordnung gehaltenen Angelegenheiten des Toten abzuschließen und die Trauerfeierlichkeiten vorzubereiten. Hedi dämmerte hilf- und haltlos vor sich hin.

Der zuständige, noch junge Priester versuchte wiederholt, Hedi Mut und Zuversicht zu vermitteln – vergebens. Für Hedi war der Tod ihres Mannes das Ende der Welt, sie wollte sterben. Doch lassen wir Hedi selbst erzählen:

»Am Tage des Begräbnisses kleidete ich mich sehr sorgfältig an. Ich wußte, daß ich am Abend, nach der Verabschiedung der Kinder und der Gäste, sterben würde. Wie, war mir noch nicht klar. Vielleicht vor ein Auto werfen, oder vom Aussichtsturm… ich würde schon was finden. Ich gab Wolfram noch einen letzten Kuß. Er war eiskalt und ganz fern von mir. Ich schwor ihm, bald bei ihm zu sein, denn ohne ihn sei ich sowieso ein Nichts. Irgendwie überstand ich das Begrüßen der zahlreichen Trauergäste und saß dann in der vordersten Kirchenbank, als wäre ich von einem anderen Stern. Immer wieder wiederholte ich in Gedanken: Wolfram, ich komme bald nach, bald, bald, bald...

Dann las der Priester etwas, was mich aufhorchen ließ: Laßt die Toten ihre Toten begraben. Und irgend etwas in mir begann zu fragen, ob ich denn schon tot sei. Oder schon lange tot war. Der Gedanke ließ mich nicht mehr los. Als ich viel, viel später am offenen Grab stand, konnte ich mich nicht entschließen, die erste Handvoll Erde auf den heruntergelassenen Sarg zu werfen. Ich überlegte: Wenn ich das tue, bin ich tot. Aber ich lebe ja noch. Heute abend will ich tot sein – aber dann ist Wolfram doch schon begraben, von mir. Ich lebe zwar, doch ich bin schon lange tot... In dem Moment nahm meine Tochter meine verkrampfte Hand und streichelte sie. Der Priester sagte etwas von: Bittet – und es wird euch gegeben werden, und dann schien plötzlich ein Sonnenstrahl durch die Bäume, direkt in mein Gesicht.

Ich ließ die Erde durch meine Finger rieseln und wußte, daß ich darum beten würde, lebendig zu werden. Anschließend weinte ich in den Armen meiner Kinder, so, wie ich noch nie geweint hatte. Nicht mehr um den Verlust von Wolfram, sondern aus Trauer, daß ich sechzig Jahre alt werden mußte, um ein Stück Leben für mich zu erhaschen. Und aus Glück, daß es noch nicht zu spät war. Ich konnte es kaum erwarten, vom Friedhof wegzukommen und mein Leben zu beginnen. Zu Hause schrieb ich mit Lippenstift auf meinen Spiegel: Laßt die Toten ihre Toten begraben.«

Hedi ist nun ein ganzes Stück älter geworden – und hat ihre Zeit, ihr neues Leben genutzt. Sie hat sich als selbständige Porzellanmalerin und Stoffdesignerin einen Namen gemacht und gilt als kontaktfreudige, leicht exzentrische »Old Lady« der lokalen Kunstszene. Auf ihrem Ateliertisch steht eine Schale mit trockener Erde, die sie gelegentlich durch die Finger rieseln läßt. »Das ist zu meinem persönlichen Ritual geworden«, erklärt sie, leise schmunzelnd, »immer, wenn ich das Gefühl habe, festgefahren oder deprimiert zu sein, spüre ich so, wie meine restliche Zeit durch meine Finger rinnt. Und wie lebendig ich bin. Und dann erfüllt mich Freude und tiefe Dankbarkeit einem Priester gegenüber, der die treffenden Worte fand, um mich zu wecken – und ich erinnere mich an einen Sonnenstrahl zur richtigen Zeit.

> Im Trauer-Ritual liegt die Chance eines Neuanfanges

Das Hochzeits-Ritual – Mut zu neuen Wegen oder ein alter Zopf?

Hochzeit ist ein altertümliches Ritual mit vielen Gesichtern, vor allem dann, wenn nach der standesamtlichen Trauung noch die kirchliche folgt. Vergleichen wir einmal die Bedeutung und Botschaft der Feierlichkeiten damals und heute.

Damals: Dominanz und Unterwerfung

Die Übergabe der Braut durch den Vater an den Bräutigam hatte ursprünglich wenig bis nichts mit väterlicher Aufforderung zu weiterhin liebevoller Fürsorge der jungen Frau gegenüber zu tun (und in den seltensten Fällen etwas mit Liebe zwischen den Brautleuten). Hier wurde vielmehr der Besitzwechsel ritualisiert, wie er noch vor anderthalb Jahrhunderten Brauchtum war. Aus der Vormundschaft des Vaters wurde die Braut der Vormundschaft eines Ehemannes übergeben. Von einer untergeordneten Stellung wechselte sie zur nächsten. Und hinter diesem Besitzerwechsel standen eindeutig materiell-finanzielle Überlegungen und Transaktionen, eventuell politische Interessen.

Es ist zu bezweifeln, daß heutzutage in unserer mitteleuropäischen Kultur dieses Ritual noch im ursprünglichen Sinn verstanden wird... vermutlich genauso wenig, wie das der weißen Brautkleidung. Damals unterlag die »Ware« Braut ganz eindeutigen Qualitätsanforderungen, wie zum Beispiel der der intakten Jungfräulichkeit. Was in bestimmten Schichten durch »makellose« weiße Kleidung und verhüllende Schleier hervorgehoben werden mußte. Wehe, die Braut trug nicht weiß oder blutete nicht in der Hochzeitsnacht! Schließlich könnte eine nicht intakte Jungfräulichkeit bedeuten, daß der erste Sohn nicht unbedingt der leibliche Erbe des Ehemannes war...

In einigen Bergdörfern Siziliens wird immer noch das blutbefleckte Bettleinen des jungen Paares am Morgen nach der ersten Nacht vor das Fenster gehängt, damit die gesamte Nachbarschaft sich überzeugen kann, daß Name und Ehre des Ehemannes respektiert wurden, durch die offen-sichtliche Tatsache, daß er – und vor ihm kein anderer – die Braut auch körperlich in Besitz nahm.

Auch heutzutage ist es in konservativeren Kreisen noch Sitte, daß die Familie der Braut die Hochzeitsfeierlichkeiten bezahlt. Bei genauerem Hinsehen stellen wir fest, daß hier der einstmals sehr materielle Brauch der »Ablösungssumme« ritualisiert wurde. Da die Braut »Hand wechselte«, übernahm ihre Herkunftsfamilie zum letzten Mal die Verantwortung für ihr leibliches Wohl und zeigte durch die mehr oder weniger entfaltete Üppigkeit der Feierlichkeit allen Geladenen die Höhe und Qualität des Lebensstandards an, in dem ihre Tochter (angeblich oder tatsächlich) aufgewachsen war. In Zukunft war der angeheiratete Mann dafür zuständig, die Familie der Frau hatte »ausgesorgt«.

In begüterten Familien gab (und gibt) es zusätzlich die »Mitgift«, die vor allem damals eine entscheidende, wenn nicht gar primäre Rolle spielte, ob überhaupt ein passender Ehemann zu finden war.

Selbst wenn die Familie der Braut wenig bis kein Geld hatte, wurde der Schein gewahrt, indem der zukünftige Ehemann indirekt aushalf. Nach »erfolgreicher« Hochzeitsnacht gab es die »Morgengabe« des Ehemannes an die Ehefrau. Eine mehr oder weniger hohe Summe Geld, welche die junge Frau ihren Eltern diskret zur Schuldendeckung für die Hochzeitsfeierlichkeiten aushändigen konnte. Dadurch wurde dem Ritual der Braut-Ablösung genüge getan, die Ehre der Pflichterfüllung der Herkunftsfamilie der Frau blieb genauso intakt, wie es die Jungfräulichkeit gewesen war.

Mit dem Ring, den früher nur die Frau trug, wurden klare Besitzverhältnisse demonstriert. Der Mann hatte auch das Recht, seiner Frau einen Keuschheitsgürtel aufzuzwingen. Sie gehörte ihm – er hatte sie ausgelöst aus der Dominanz und Abhängigkeit ihres Vaters. Nun mußte sie ihm dienen, seine Kinder – möglichst bald männliche Erben – gebären, in seinem Schatten leben. Ohne ihn hatte sie keinen gesellschaftlichen und sozialen Wert.

Mit der kirchlichen Trauungsformel, die von ihr absoluten Gehorsam verlangte – im Namen Gottes – , blieb der jungen Ehefrau überhaupt keine Möglichkeit mehr, irgendwo ein Stück Eigenständigkeit verwirklichen zu können. Ihre Domäne war und blieb das Haus, das Aufziehen der Kinder und das Wohl des Ehemannes.

Der Mann seinerseits hatte nur Vorteile. Gesellschaftlich und religiös war seine dominante Stellung der Frau gegenüber hervorgehoben und abgesichert. Ihre Pflichten waren seine Rechte – lebenslänglich.

Heute: die bitter-süße Pille

Das Hochzeits-Ritual gleicht heute immer mehr einem Märchen: ein wundervolles Fest, Blumen, begeisterte Gesichter, exquisites Essen, euphorische Tischreden und Ansprachen, lauter wohlmeinende Menschen, Glückstränen und Umarmungen – in vielen Fällen noch kirchlich, mit Gottes Segen, unter stimmungsvoller Orgelmusik.

Die ganze Hochzeits-Feierlichkeit vermittelt, fernab jeglicher Realität, den Eindruck der totalen Harmonie, der völligen Übereinstimmung – nicht nur bei Braut und Bräutigam, sondern auch bei den geladenen Gästen, Familienangehörigen und Freunden.

Kaum ein Auge bleibt trocken, wenn sich ein Paar das Ja-Wort gibt. Eigene schöne Erfahrungen und lang gehegte Illusionen werden aus der Erinnerungskiste hervorgeholt, längst vergessene Sehnsüchte und Hoffnungen schleichen sich wieder ins Herz. Es ist die *Hoch-Zeit* der Gefühle. Da Menschen *Visionen* wollen und brauchen, um eine bestimmte Richtung im Leben einzuschlagen, dient eine solche Hochzeit, gerade heutzutage – wie ein gutes Theaterstück – dem Wachrütteln eingeschlafener oder resigniert aufgegebener Partnerschaftsideale.

Die Hochzeit vermittelt Heile-Welt-Stimmung und damit Lust zum Weiterträumen. Sie soll anregen, menschliche Ideale nicht einfach achselzuckend abzutun, sondern sich immer wieder auf die Suche danach zu begeben. Mit der Übergabe der Braut an den

Bräutigam ahnen wir die Symbolik des ständig gewährleisteten Schutzes des Weiblich-Sanften durch das Männlich-Robuste, den Gipfel der Liebes-Romantik! Der Ehering demonstriert dann das Zusammengehören zweier, voneinander abhängiger Hälften. Wir sind gerührt durch dieses mystische Ritual der Verschmelzung des männlichen und des weiblichen Prinzips zu einer Ganzheit. Mit diesem Betonen des Einander-Angehörens entsteht auch eine klare Abgrenzung gegen sexuelle Annäherungen Dritter. Gerade diese Absolutheitsformel berührt die tiefe Sehnsucht des Menschen nach symbiotischer, ewiger und ausschließlicher Liebe.

Das heutige Hochzeits-Ritual läßt die Zeit stillstehen und vermittelt in einer Momentaufnahme all das, wovon Menschen träumen (»Traumpaar«, »Traum-Hochzeit«) und was sie sich wünschen: Einigkeit, Harmonie, Symbiose, sexuelle Lust in der Ausschließlichkeit, Verständnis, Liebe, Familienzugehörigkeit, Glück, Sicherheit, Feierlichkeit, Schönheit, Freundschaft usw. usf. Die märchenhafte *Hoch-Zeit* der Gefühle, die immer wieder Hoffnung und Romantik zum Sprießen bringt. Die Realität bleibt weit weg, die Herzen schlagen höher, das heiratende Paar ist kurzfristig zum allseitigen Hoffnungsträger für eine bessere Welt geworden.

Die Botschaft des Rituals

Eigentlich sehen wir nur positive Unterschiede zwischen dem heutigen und dem damaligen Hochzeits-Ritual. Wir verspüren auch ein leises Schaudern, wenn uns bewußt wird, welche Fesseln dieses Ritual gerade einer Frau auferlegte und wie freudlos eine solche Hochzeit in vielen Fällen verlief. Wieviel schöner und besser scheint es doch heute! Oder nicht?

Etwas sollte uns stutzig und nachdenklich machen: Noch immer beinhaltet die Botschaft des Hochzeits-Rituals lebenslängliche gegenseitige Ausschließlichkeit: »... bis daß der Tod uns scheidet«. Und noch immer wird das Ritual genauso durchgeführt wie damals. Wohl sind wir moderner und aufgeschlossener geworden – aber spricht nicht gerade die Tatsache des Hochzeits-Rituals dafür, daß dieselben Botschaften, nur leicht verändert, vermittelt werden? Daß sich wohl an der Oberfläche etwas verändert hat, aber darunter noch immer die alten Dominanz- und Abhängigkeitsvorstellungen lauern?

Gegenüberstellung alte ‹–› neue Rituale

Ritual	Damals	Heute
Brautübergabe von Vater zu Ehemann	Besitzwechsel, Verantwortung und Verpflichtung	Verantwortung und Verpflichtung
Ehering	Besitzanzeige und Zugehörigkeit	gegenseitige Besitzansprüche und Zugehörigkeit
kirchliche Segnung	lebenslänglicher Gehorsam und Treue der Frau, Verantwortung des Mannes	lebenslängliche Treue und gegenseitige Verantwortung
Festlichkeit	Ablösung der Braut von der Herkunfts-familie	»Traummoment«, Anlaß für familiäre Harmoniebedürfnisse und Heile-Welt-Phantasien
weißes Brautkleid	Beweis der Jung-fräulichkeit, Marktwert	Brauchtum, Verankerung in den Ritualen

Könnte es sein, daß diese fast gleichgebliebenen Zugehörigkeits-Botschaften unbewußt wie eine allzu schwere Verpflichtung und Einengung auf uns lasten? Und damit Freiwilligkeit und Spontanität in uns ersticken? Wie vielen Menschen signalisieren diese Rituale, daß die Ehe eigentlich nichts anderes als ein Gefängnis ist?

Merke: Rituale können auch Negativ-Bezug eröffnen.

Traditionelles Hochzeits-Ritual

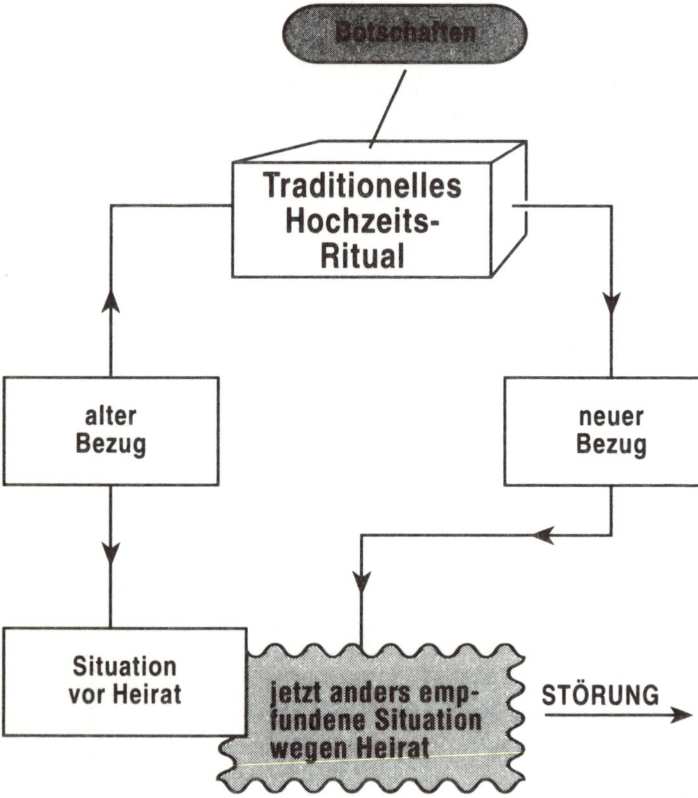

Frank – nach der Hochzeit bergab

Wie häufig hört man, daß ein Paar jahrelang ohne bindendes Ritual glücklich zusammenlebte, anschließend heiratete – und von da an ging's bergab. Warum wohl? Sicher nicht, weil einer oder beide sich durch das Hochzeits-Ritual verändert haben. Aber vielleicht, weil plötzlich ein ungeheuer verpflichtender Anspruch Gestalt annahm, der wie ein altes, spinnwebendurchsetztes Erbe in uns versteckt war: Einander angehören *müssen,* ohne Ausweichmöglichkeit, mit unendlichen Verpflichtungen belastet, lebenslänglich ... Betrachten wir dazu mal Franks Geschichte:

Frank lebte seit fünfeinhalb Jahren mit seiner Freundin Sima. Da ihre Eltern immer wieder auf Heirat drängten und auch seine Familie regelmäßig darauf zu sprechen kam, beschlossen die zwei, den Eltern »eine Freude« zu bereiten.

Die beiden Elternpaare schlossen sich zusammen und organisierten eine große Hochzeitsfeier mit allem Drum und Dran – zuerst standesamtlich, dann kirchlich. Sima mußte in Weiß heiraten, obwohl sie nicht einsah, daß soviel Geld für ein einmaliges Kleid ausgegeben werden sollte. Sie wurde darauf hingewiesen, daß sie ihr Kleid mit kleinen Änderungen sicherlich noch einige Mal werde tragen können: Familienfeste, Taufen usw.

Frank erhielt einen maßgeschneiderten Smoking, den er auch zur »diamantenen« Hochzeit noch tragen könne, so gut sei der Stoff. Sein Vater klopfte ihm mitfühlend auf die Schultern und erzählte ihm diverse schwierige Etappen seiner eigenen Ehe. Franks Mutter ermahnte ihn zur Fürsorge und Geduld mit Sima und erinnerte ihn daran, daß sie sich aufs Großmutterdasein freue ...

Unter den zahlreichen Neffen und Nichten wurden einige zum Blumenstreuen ausgesucht, der Hochzeitsablauf zweimal geprobt. Der Pfarrer war derselbe, der schon Sima getauft hatte, demzufolge auf ihre weibliche Entwicklung und Tugend zu sprechen kam. Es wurde ein perfekt organisiertes, wunderschönes Fest. Eine witzige Ansprache auf Langlebigkeit folgte der anderen, die junge Generation hatte einen Sketch auf die Treue der Brautleute vorbereitet – alles war prächtig, selbst das Wetter spielte mit. Der Pfarrer mahnte, die biblischen Worte: »Wo du hingehst, werde auch ich hingehen« nie zu vergessen. Dann verschwand das Paar auf (von Franks Eltern geschenkte) Hochzeitsreise, ganze drei Wochen.

Und hier begannen bei Frank erstmals Potenzstörungen, die bei Sima weder auf Verständnis noch Geduld stießen. Spannungen häuften sich. Da ihm dieser Zustand neu und unbegreiflich war, ließ sich Frank, wieder zu Hause, von einem Arzt auf Hormonstörungen untersuchen. Nichts. Der Arzt verschrieb ihm Enthaltsamkeit, zwecks Spannungsabbau. Das Gegenteil stellte sich ein: Frank wurde immer nervöser und unsicherer. Sima immer gereizter. Sie begann, eifersüchtige Vermutungen anzustellen, da sie ihre Weiblichkeit in Frage gestellt fühlte. Böse Szenen häuften sich, die Eltern ergriffen Partei, die Beziehung verschlechterte sich rapide.

Nach knapp einem Jahr reichte Frank im Einverständnis mit Sima die Scheidung ein. Heute sagt er dazu: »Ich kann mich im Nachhinein des Eindrucks nicht erwehren, als wäre von diesem unterzeichneten Ehe-Dokument ein Fluch ausgegangen. Kaum hatte ich unter Druck und offiziell geschworen, Sima ein Leben lang zu lieben und zu umsorgen, erlebte ich nur noch Situationen, die mich eines anderen belehrten: Wieviel besser ich mich frei und ohne Liebes-Verpflichtung fühlte. Ich lebe längst wieder in einer Beziehung. Sexuell klappt alles wie von früher gewohnt. Aber eines weiß ich: geheiratet wird nie mehr!«

Natürlich mögen in Franks Geschichte noch andere Gründe eine Rolle spielen. Doch steht er keineswegs alleine da mit der Empfindung, daß die Tatsache des ritualisierten Verheiratet-Werdens und -Seins ein empfindlicher Eingriff in ein Selbstverständnis darstellen kann und eigenartige Reaktionen auszulösen vermag. Vor allem dann, wenn zusätzlich die Phantasien der Eltern sich ungehemmt über ein junges Paar ergießen. Natürlich mit den besten aller Absichten: »Ihr sollt es schöner haben als wir – dafür sorgen wir schon!« Und mit demselben Ritual, das vermutlich schon damals Einschränkungsängste bei ihnen selbst hervorholte, vermitteln jetzt die raumgreifenden Eltern dem jungen Paar einen ähnlichen, von *gegenseitigen Ansprüchen und Erwartungen* belasteten Einstieg in das Dasein als verheiratetes Paar: »...bis daß der Tod euch scheidet«.

Mut zu neuen Wegen

Wer weiß, vielleicht sollte das Ritual der Hochzeit über Bord geworfen oder der heutigen Zeit angepaßt werden. Verheiratetsein ist in unserer Kultur längst kein gesellschaftliches oder religiöses Muß mehr – das Selbstverständnis von Mann und Frau hat sich wesentlich verändert und entwickelt. Aber durch das Ritual und durch die Absolutheitsformel der Eheschließung wird nach wie vor etwas im menschlichen Unbewußten angetippt, das weder rational noch zeitgebunden ist: die Angst vor Beschränkung und Einengung, der Anspruch auf Dominanz und Besitz. Und all das steht im Widerspruch zu einer gelassenen und offenen Haltung dem *dynamischen Gebilde* einer Beziehung gegenüber. Alte Rollenbilder und deren Zwänge und Klischees tauchen hemmend auf – die Freiwilligkeit in der Liebe schwindet, der gegenseitige, Zuneigung tötende Ausschließlichkeitsanspruch macht sich breit.

Wie würde ein neues und zeitgemäßes Hochzeits-Ritual aussehen, das nicht an überholte Vorstellungen rührt? Vielleicht, indem ein guter Freund die Trauung vollzieht, mit der Formel: »Und jeder hüte und schütze die Eigenständigkeit des anderen wie seine eigene.« Das Dokument kann dann noch – falls nötig – amtlich beglaubigt werden, ohne Aufheben. Es wäre ein Vertrag zwischen den zwei Ehepartnern – vielleicht sogar zeitlich begrenzt, aber mit allen rechtlichen Konsequenzen. Bei gegenseitiger Zufriedenheit kann der Vertrag nach einer gewissen Anzahl Jahren verlängert werden. Voraussetzung: Jeder der beiden Vertragspartner bleibt materiell vom anderen unabhängig. Im Falle eines Kindes müßte der, welcher die Nestpflege gewährleistet, Kindergeld erhalten. Das Ritual würde sich darin erschöpfen, daß nebst der neuen Trauungsformel noch Festlichkeiten stattfinden, die zu einem guten Vertragsabschluß sowieso gehören. Nicht mehr, und nicht weniger...

Diese Form von Ritual könnte mit seiner positiven Botschaft *kreativere Energien und Impulse* freisetzen in Bezug auf eine Partnerschaft – Eigenschaften wie *Selbstständigkeit, Respekt* und *Freiheit* würden angesprochen und unbewußt in Bewegung gehalten.

Statt belastetes Hochzeits-Ritual –
kreatives Vertrags-Ritual

Leider aber rührt unser veraltetes und nicht hinterfragtes Hochzeits-Ritual machtvoll an unserer Bezugsebene und kann mit seiner Besitz-Botschaft unsere Urängste beschwören. Es wäre wirklich an der Zeit, hier neue Kommunikationswege zu eröffnen.

Nicht wahr, es ist interessant, längst bekannte Rituale zu hinterfragen? Diese vertrauten und doch »verpackten« Kommunikationsabläufe samt ihren Botschaften zu erkennen und nötigenfalls anders und besser für die eigenen Zwecke zu gestalten?

Das Geburtstags-Ritual – Ausdruck einer Wertschätzung

Anton wurde siebzig. Seine Frau und seine beiden Töchter mit ihren Familien beschlossen, ihm ein schönes Fest mit kleiner Orchesterbegleitung zu bescheren. Sie luden in größter Verschwiegenheit Familienmitglieder und Freunde des Jubilars ein, baten einige unter ihnen um Tischreden und bereiteten Sketche über seine wichtigsten Lebensabschnitte vor. Anton merkte nichts von all den Vorbereitungen. Er war etwas schweigsam geworden und in sich gekehrt, seitdem er in Rente gegangen war. Wohl hatte er verschiedene Hobbys und pflegte einen kleinen Freundeskreis – doch war er, wie seine Frau besorgt feststellte, »nicht mehr der alte«. Neuerdings begann er auch etwas zu kränkeln und ging verstärkt in gebückter Haltung. Er war zum alten Mann geworden.

An seinem Geburtstag ging es ihm vorerst gar nicht gut. Er hatte mehr Telefonate und Glückwünsche erwartet. Doch da alle Gratulanten auf den Abend bestellt waren, verlief der Tag eher ruhig. Anton klagte über Rückenschmerzen und Kälteschauer. Seine Frau war sehr besorgt und befürchtete, die abendlichen Festlichkeiten kurzerhand absagen zu müssen. Zum Glück erkannte eine der beiden Töchter deutlich die Enttäuschungsbotschaften des Vaters in den Krankheitssymptomen und riet der Mutter, sie nicht zu beachten.

Eigentlich gegen Antons Willen wurde er von seinen drei Weibern, wie er sie gerne nannte, zum Abendessen ausgeführt. Er war betupft, weder Schwiegersöhne noch Enkel zu sehen, wurde aber beruhigt mit dem Hinweis, »die anderen« würden im Restaurant auf ihn warten. Als er dort eintraf, wurde er in einen großen Saal geführt, wo rund sechzig Leute ein Geburtstagsständchen anstimmten. Es verschlug ihm vor Rührung und Überraschung die Sprache.

Der Abend wurde ein voller Erfolg. Anton lachte Tränen über die Sketche seiner Enkelkinder und freute sich über die Würdigungen seiner verschiedenen beruflichen Stationen durch Freunde und ehemalige Arbeitskollegen.

Als er morgens um drei Uhr endlich zur Ruhe ging, vertraute er seiner Frau ganz glücklich an, er gehöre doch noch nicht »zum alten, ausrangierten Eisen«, und das Tanzbein schwinge er ausdauernder als die Jungen. Zudem habe ihn ein ehemaliger Arbeitskollege darauf angesprochen, ob er nicht einer Senioren-Beratungsgruppe beitreten wolle. Schließlich seien Leute mit seinen Erfahrungen nach wie vor sehr gesucht und geschätzt, gerade als Berater junger Unternehmen.

Mit vielen Bestätigungsbotschaften wurde Anton ein neuer Bezug zu sich selbst vermittelt. Anscheinend stand er an der Schwelle zur Resignation, zur Flucht in die Krankheit. Er fühlte sich nutzlos und abgeschrieben.

Durch das sorgfältig geplante Geburtstags-Ritual konnte er erkennen, wie vielen Leuten er etwas bedeutete und welche *Wertschätzung* seiner Person nach wie vor galt. Anton spürte wieder Bedeutung – und dadurch *Bezug* zu sich selbst.

Ein Geburtstags-Ritual ist eine gute Gelegenheit, einem Menschen *Bestätigung und Bedeutung* zu vermitteln. Durch diese äußere Bezugnahme wird es wieder möglich, die eigenen Werte zu spüren und erlahmte Energien – wie in Antons Fall – neu zu stimulieren.

Wertschätzungs-Rituale als Zeichen der Anerkennung und Liebe

Die Botschaften der Gesellschafts-Rituale

Natürlich umfassen unsere gesellschaftlichen Rituale ein weitaus größeres Gebiet als diese drei erwähnten Beispiele. Denken Sie nur an all die Vereinsanlässe, an Umzüge, Volksfeste, an diverse Einladungen, an Abitur- und Lehrabschlußfeiern usw. Alle haben, trotz ihrer Verschiedenartigkeit, *drei Hauptbotschaften*:

- Integrierende Botschaft -> Zugehörigkeit zu einer bestimmten Gruppe und deren Akzeptanz
- Wertschätzungs-Botschaft -> Bedeutung und Stellung innerhalb der Gruppe (Hierarchie)
- Bestätigungs-Botschaft -> Anerkennung der eigenen Person und Leistung

Darüber hinaus fordern sämtliche gesellschaftlichen Rituale grundsätzlich *gewisse Umgangsformen*, zum Beispiel dem jeweiligen Anlaß angepaßte Kleidung, das Einhalten gewisser Manieren und einer bestimmten sprachlichen Form. Werden diese *sozialen »Äußerlichkeiten«* nicht respektiert, so entstehen in dieser bestimmten Gruppe unterschwellige Bruchsituationen. Denn durch diese Mißachtung wurde die Botschaft vermittelt, keinerlei Wunsch nach *Integration*, nach *Zugehörigkeit* und *Anpassung* zu verspüren. Damit bewirkt der Betreffende, daß er ausgeschlossen wird. Indem er sich nicht an *ungeschriebene Spielregeln* hält, stellt er sich gegen ein Ritual, das eindeutig eine bestimmte Bezugnahme und damit eine *Gruppennorm* signalisieren will. Dabei hat jede gesellschaftliche Schicht und Gruppe ihre eigene Norm und folglich die entsprechenden *Integrations-* und *Anpassungs-Rituale*.

Bei den gesellschaftlichen Ritualen dürfen wir nicht übersehen, daß sie sich keineswegs auf anerkannt-integrierte Gruppen beschränken. Gerade soziale Randgruppen (Drogenszene, extreme politische Gruppierungen, Sekten usw.) haben ein strenges rituelles Korsett. Es ist für unsere Gesellschaft bezeichnend, daß immer mehr Menschen, die demonstrativ jegliche Art von Regeln und Traditionen ablehnen, sich kritiklos in bestimmte

Randgruppen einfügen wollen und können, welche von rituellen Zwängen förmlich strotzen (Mutproben, Bewährungs- und Unterwerfungsbeweise). Die Vermutung liegt natürlich nahe, daß solche Gruppen deswegen derart anziehend sind, weil sie durch verschiedene, mehr oder weniger spektaktuläre *Zugehörigkeits-Rituale* eine feste *Ordnung* und *Struktur* versprechen.

Und da Rituale einem *inneren Grundbedürfnis* entsprechen, werden sich natürlich ausgerechnet Menschen mit einem rituellen Defizit in ihrem Beziehungshintergrund von Randgruppen angezogen fühlen – mit der unbewußten Hoffnung auf eine emotionale Kompensation in einer Art »Großfamilie«, wo alles und jeder seinen tradierten und ritualisierten Platz hat.

Merke: Die stete Zunahme von Randgruppen läßt den Mangel an bezugschaffenden und integrierenden Ritualen in Familie, Schule und Gesellschaft manifest werden.

Ohne Rituale keine Kommunikation

Wir wissen nun um die Wichtigkeit von Ritualen, ohne deren verbindende Botschaften keinerlei Bezugnahmen möglich sind. Erst Rituale setzen menschliche Kräfte und Energien frei und ermöglichen durch ihre Botschaften neue Lebensperspektiven. Das Entwickeln und Einsetzen von individuell geprägten Ritualen ist für den betreffenden Menschen und seine Umwelt ein kreativitätsfördernder und bezugschaffender Jungbrunnen.

Nun werden wir uns mit anderen Kommunikativ-Ritualen befassen, die den Zugang zu Mitmenschen, auch im geschäftlichen Bereich, erleichtern oder überhaupt erst ermöglichen – Rituale also, die den *Bezug nach Außen* eröffnen.

Erfolgreiche Kommunikation ohne Rituale ist nicht denkbar – Kommunikation bliebe lediglich auf Information beschränkt. Ohne die stützende Kraft der Rituale kann kein Austausch stattfinden, der einen tatsächlichen und bleibenden Bezug schafft.

Versuchen Sie, sich zur besseren Veranschaulichung, an die Umstände einiger für Sie unbefriedigender Geselligkeiten zu erinnern. Sie werden bemerken, daß diese Anlässe unbefriedigend waren, *weil* Rituale nicht eingehalten oder gar mißachtet wurden. Mit anderen Worten: es fehlte innere Struktur und Ordnung. Und Ihr Unbewußtes hat es bemerkt und Ihnen deutlich Unbehagen signalisiert. Auf Ihrer bewußten Wahrnehmungsebene haben Sie eigentlich nichts bemerkt – außer, daß Sie sich vielleicht gelangweilt fühlten. Ein überflüssiger Anlaß mehr...

Mit dem Erkennen der Bedeutung von Ritualen kann deren stützende und bezugsvermittelnde Kraft gezielt eingesetzt werden, um besseren und echten Kontakt zu Mitmenschen herzustellen. Es können Fehler vermieden werden, die sonst zu Mißverständnissen, Disharmonien oder gar Kontaktabbrüchen führen.

Denken Sie nur an den Satz: »Ich liebe dich.« Ohne ein bezugschaffendes Ritual von Ihnen wirkt selbst dieser Ausspruch schal, leer, inhaltlos, abgedroschen, fad... Weil die Botschaft nicht »rüberkommt« ohne die Verpackung des Rituals.

Aber: »Ich liebe dich«, begleitet von einem *Berührungs-Ritual* (streicheln, in die Arme nehmen), von einem *Schenk-Ritual* (einer Blume, einem tiefen Blick), von einem *Bestätigungs-Ritual* (schönes Essen, Feier), erhält plötzlich *Substanz* und *Überzeugungskraft*. Man glaubt Ihnen, der Bezug ist da.

Erst das Ritual verleiht einer Aussage Tiefe – sonst bleibt jede Kommunikation auf die ersten zwei Ebenen beschränkt. Und da entsteht kein Bezug!

Dabei bestimmen immer Sie, ob das Ritual eine Negativ- oder eine Positiv-Botschaft übermitteln soll. Vergessen Sie nicht: Rituale können Verschiedenes beschwören.

Es herrscht eine schlechte Stimmung? Überlegen Sie, welches Ritual diese Negativ-Botschaft übermittelt hat. Und dann bemühen Sie sich um ein Gegen-Ritual mit einer Positiv-Botschaft. Jeder von uns kann die Kraft der Rituale fruchtbar und kreativ für sich und seine Belange einsetzen!

Kommunikativ-Rituale als Brücke zum Du

GESCHÄFTS-RITUALE

Kauf-Rituale – Wertschätzung von Ding und Mensch

Nicht nur zu Menschen entsteht Bezug durch ein Kommunikativ-Ritual – auch zu Objekten. Denken wir einmal an ärmere Länder, wo *materielle Dinge* eine *hohe Wertstellung* einnehmen – sei es, weil sie teuer und schwer zu beschaffen oder kaum zu ersetzen sind. Instinktiv paßte sich ein ganzes Kauf- und Konsumgebahren diesen durch Armut bedingten Umständen an. Damit Dinge den richtigen *Stellenwert* erhalten und dementsprechend geschätzt werden, muß ein starker Bezug zu ihnen geschaffen werden. Sie werden also nicht »bloß« gekauft – es muß darum gehandelt und gefeilscht werden. Je schwieriger das Feilschen, je intensiver die Gespräche und Verhandlungen, um so stärker wird der Bezug und um so geschätzter wird die Ware. Je stolzer sich der Erwerbende nach erfolgreich abgeschlossenem Handel fühlt, um so eher wird er die erstandene Ware hüten und pflegen.

Solch ein Kauf-Ritual vermittelt nicht nur einen stärkeren Bezug zu dem *erworbenen Objekt*, es vermittelt auch *menschliche Nähe*. Der Austausch zwischen Händler und Käufer bleibt nicht nur auf das Sachlich-Materielle beschränkt – in vielen Fällen entsteht eine davon unabhängige Beziehung, zum Beispiel ein persönlich werdendes Gespräch, eine private Einladung. Diese Kauf-Rituale prägen eine ganz bestimmte Mentalität, die sich durch Bereitschaft zu zwischenmenschlicher Kommunikation auszeichnet. Selbst die wohlhabendere Bevölkerung jener Länder, die sich durchaus einen »westlicheren« Konsumstil leisten könnte, bleibt dieser Art Kommunikativ-Ritualen verhaftet.

Überlegen Sie einmal, ob Ihr eigener Bezug zu gekauften Sachen nicht grundlegend anders wäre, wenn sie um jedes einzelne Ding hätten hart feilschen müssen? Interessanter Gedanke, nicht? Vielleicht gehen Sie wieder mal auf den Flohmarkt und versuchen, mit einer von vornherein beschränkten Summe etwas zu erwerben, was anfänglich viel zu teuer war. Völlig »nebenbei« führen Sie auch noch anregende Gespräche und lernen »ganz zufällig« interessante Menschen kennen.

Und nun stellen Sie sich diesen Vorgang im tagtäglichen Leben vor – mit jedem Einkauf. Wie unendlich sorgfältig würden wir unsere Errungenschaften behandeln, um wieviel reicher wären wir an menschlichem Austausch. Wären wir dann nicht viel zufriedener mit weniger – weil wir durch ein *kommunikatives Ritual* einen *verstärkten Bezug* und mehr *Wertschätzung* entwickelt hätten?

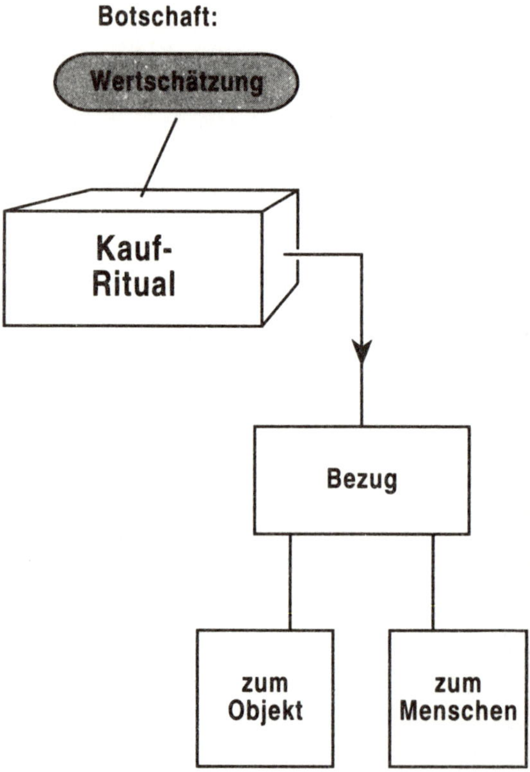

Kommunikativ-Rituale im Unternehmen – Schlüssel zu Motivation und Loyalität

Auch wenn es uns an solchen kommunikativen Kauf-Ritualen (noch) fehlt, pflegen wir doch in unserem Geschäftsleben eine Reihe von Kommunikativ-Ritualen – noch zu wenige, aber immerhin...

Ein erfolgreiches Unternehmen weiß um den Wert von Betriebsfesten, Firmenessen, Geburtstagsfeiern usw. und wird vielleicht gar Betriebsausflüge regelmäßig durchführen, damit sich die Angestellten untereinander einmal anders und – vor allem – freier austauschen können. Manche *kreativen Impulse* entstanden auf diese Art, weil der Unternehmensverantwortliche ohne hierarchische Zwänge mit einigen seiner Leute plauderte und ihren Ideen und Vorschlägen zuhörte.

Interne Sportveranstaltungen, Kurse und Wettbewerbe ergänzen das kommunikative Angebot und fördern den *Zusammenhalt in der Belegschaft*. Es läßt sich nachweisen, daß Unternehmen *ohne* solche bewußt eingesetzten Kommunikativ-Rituale eine weitaus *größere Personalfluktuation* haben, unabhängig von der Höhe des Gehaltes.

Trotz dieser Erkenntnis scheuen viele Unternehmen noch immer vor solchen Ritualen zurück, angeblich aus Sorge um den damit verbundenen Arbeitsausfall. Der Grund ist keineswegs stichhaltig, denn zufriedene Angestellte arbeiten effizienter, gerade weil sie *emotional motivierter* sind. Die Sorge der Unternehmensleitung liegt vielmehr anderswo:

a) In der Angst, gewisse hierarchische Strukturen und Abgrenzungen zu gefährden. Also eventuell die Kontrolle dadurch zu verlieren, daß zum Beispiel die Sekretärin ganz offiziell mit dem Chef ein lustiges Tänzchen wagt, der stellvertretende Direktor peinlicherweise ein Glas zuviel trinkt, oder gewisse Leute einander unpassenderweise das Du anbieten.
b) In der Befürchtung, eine Festlichkeit nicht so organisieren zu können, daß sie den Leuten angepaßt ist und tatsächlich An-

klang findet. Ein eigentlich kommunikationsbewußter Jungunternehmer äußerte sich folgendermaßen dazu: »Mit viel Sorgfalt veranstaltete ich einen Betriebsausflug, um dann einsehen zu müssen, daß fast die Hälfte der Belegschaft lieber zu Hause blieb. Die Teilnehmer langweilten sich ganz offensichtlich, obwohl ich Spiele und Picknick vorgesehen hatte. Das Ganze war ein Flop.« Er hatte vergessen, zuerst die Bedürfnisse und Erwartungen seiner Belegschaft abzuklären, um sie dann eventuell in einem anderen Kommunikativ-Ritual als einem Betriebsausflug umzusetzen.

Zwar wird in jedem Managementseminar darauf hingewiesen, wie wichtig der Begriff *Mitarbeitermotivation* ist. Es sei ein Trugschluß, anzunehmen, allein die Höhe des Gehaltes bestimme den Grad der Motivation. Der menschliche Faktor müsse in allererster Linie berücksichtigt werden...

Nun – der Wert guten Zuspruchs und lobender Worte ist schon lange erkannt, doch je nach Unternehmensstruktur fehlen die Möglichkeiten, dieser Art persönlicher Mitarbeiterführung in vollem Umfang gerecht zu werden.

Zu diesem Thema sagte der Präsident einer großen Unternehmung anläßlich einer Verwaltungsratssitzung: »Wir hatten ein schwieriges Jahr, auch wegen zahlreicher Konflikte und Wechsel im Personalwesen. Vieles davon war unser Fehler. Wir behaupten, wegen unserer Größe wenig persönlichen Kontakt mit unseren Leuten pflegen zu können. Ich möchte jetzt etwas klarstellen: gerade wegen unserer Größe sind wir im Top-Management darauf angewiesen, daß persönlicher Kontakt auf allen Stufen gesucht und gewährleistet wird. Damit bewirken wir ein verbessertes Arbeitsklima und binden gute Leute durch Motivation und Loyalität an unser Unternehmen.« Kommunikationstheoretische Erkenntnisse auf der ganzen Linie – nur genügen sie nicht. Wenn es schon fraglich sein kann, ob ein Betriebsfest durchgeführt wird – um wieviel schwieriger wird dann die gezielte Gestaltung eines positiven kommunikativen Netzes in einer Firma, das als Ziel gesteigerte Motivation und höhere Effizienz beinhaltet.

Sie sehen, Kommunikation als technisches Element genügt nicht in einem Unternehmen – und schon gar nicht in einem großen. »Miteinander reden« und von Zeit zu Zeit ein Kommunikationsseminar durchführen dient wohl als Check- oder Kontrollinstanz für sachliche Mißverständnisse, genügt aber niemals den zahlreichen menschlichen Ansprüchen eines so komplexen interaktiven Systems wie das eines Unternehmens. Hier braucht es das Erkennen und Fördern vielfältiger Kommunikativ-Rituale.

Beispiel eines kommunikativen Netzes:

Mitarbeiter vereint durch Kommunikativ-Rituale:		zwecks:
	Jubiläumsfeier,	höherer Effizienz,
	Sportveranstaltung,	gestärktem Zusammenhalt,
	Kurse,	Motivation,
	Wettbewerbe,	Loyalität,
	Firmenessen,	verbesserter Kommunikation,
	Betriebsausflüge,	
	Weiterbildung	
	usw.	

Bezugschaffende Aktivitäten werden zu Kommunikativ-Ritualen

KRO – ein neuer Beruf, spezialisiert auf die 3. Ebene

Eigentlich müßte ein neuer Beruf geschaffen werden, der des *Kommunikativ-Ritual-Observers (KRO).* Seine Aufgabe wäre – als externer oder interner Berater – das Beobachten und Analysieren der inneren kommunikativen Strukturen in einem Unternehmen. Durch das Auswerten spezieller Check-Listen für sämtliche Freizeit-, Ausbildungs- und Geselligkeitswünsche eines jeden Angestellten könnten eindeutige »Trends« und Bedürfnisse, bevorzugte Interessensgebiete, aber auch Vorbehalte und Kritik herausgearbeitet werden.

Auf Grund seiner Auswertungen könnte der KRO der Unternehmensleitung gezielte Kommunikativ-Ritual-Vorschläge unterbreiten, »verpackt« in diverse Aktivitäten. Mit Hilfe eines aus Angestellten gebildeten Ausschusses würden die Aktivitäten organisiert werden – zum Wohle der Beschäftigten und damit der Firma. Alles nach der uns gut bekannten Formel:

Rituale schaffen Bezug

In einem Unternehmen hätte die Bezugs-Schaffung *zweierlei Funktionen*:

a) verstärkter *Zusammenhalt* und *Austausch* unter den Mitarbeitern, Entstehen von *Zugehörigkeitsgefühlen* und dadurch *Identifikation* mit dem Unternehmen -> verstärkte *Motivation* und *Solidarität*;
b) *Vertrauen* und *»Dankbarkeit«* dem Unternehmen gegenüber, das durch das Schaffen verschiedenster Kommunikativ-Rituale *Fürsorge* und *Interesse* am einzelnen signalisiert; Entstehen von *Zuneigung* -> *Loyalität.*

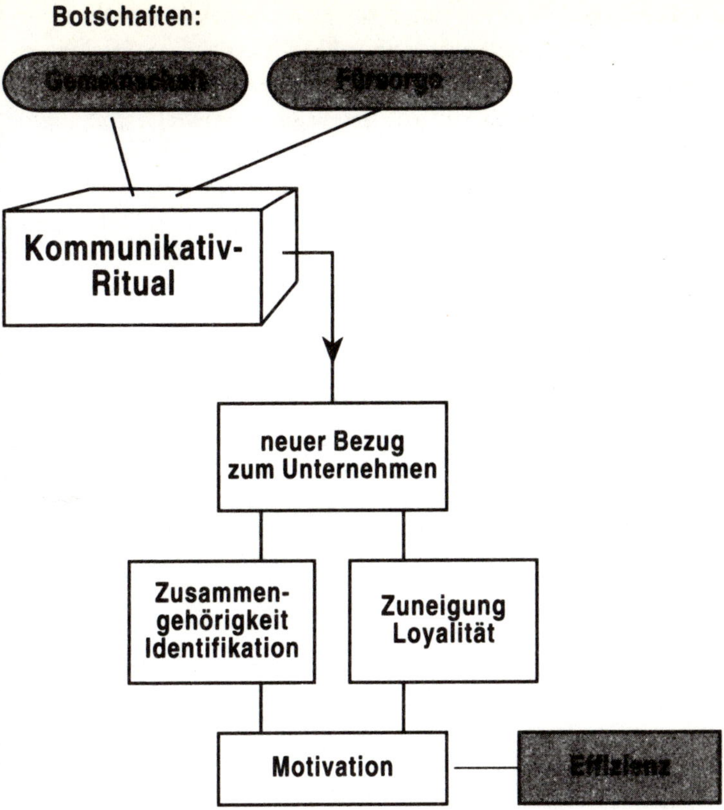

Fazit: Mit einem gezielten Angebot an Kommunikativ-Ritualen – in Form von erwünschten und möglichen Aktivitäten – kann ein Unternehmen *kommunikative Reibungsverluste* im Arbeitsbereich auf ein *Minimum reduzieren*, also die Effizienz steigern. Denn: die Mitarbeiter fühlen sich umworben und umsorgt, sie erhalten die Möglichkeit, immer wieder aktiven Austausch und Kontakte zu pflegen, sie erleben neue Herausforderungen und Bestätigungen und haben dadurch das Gefühl, einer integrierenden Großfamilie anzugehören. Somit besteht keinerlei Grund, unterschwellige Aggressionen, Neid und Eifersüchteleien, Einsamkeitsgefühle und Teamschwierigkeiten auszubrüten und dadurch an Arbeitseffizienz einzubüßen. Durch eine bewußt geschaffene Dichte des kommunikativen Netzes können solche *leistungshemmenden Spannungen rechtzeitig erkannt*, aufgefangen und durch *gezielte Bezugnahme* positiv verarbeitet werden.

Eine weitere wichtige Aufgabe des KRO wäre das *regelmäßige Kommunikations-Training* der Führungskräfte mit Schwergewicht auf dem *Entwickeln der 3. Ebene* und dem *bewußten Einsetzen von Ritualen.* Mittels erlebnisorientierter Kreativitätstechniken für Geist und Körper würde die *Bezugsebene* angesprochen und verstärkt – wodurch latente *innovative Energien* freigesetzt würden. Die kommunikativen Fähigkeiten wären ergänzt und verbessert.

Ein *bezugsfähiges Top-Management* ist die beste Voraussetzung für ein *auf Dauer* erfolgreiches Unternehmen. Denn nur eine bezugssensibilisierte Unternehmensleitung ist in der Lage, *zukunftsweisende Visionen und Orientierungen* auf allen *Unternehmensstufen* vermitteln zu können.

Gabriele – zu viele Negativ-Botschaften

Gabriele hatte ein äußerst schmeichelhaftes Arbeitsangebot einer Werbefirma erhalten. Eigentlich war sie nicht auf Stellensuche, konnte sich aber durchaus eine Verbesserung ihrer beruflichen Situation vorstellen. Sie vereinbarte einen Gesprächstermin mit dem Leiter der Agentur und erhielt einen überaus herzlichen Empfang. Man war bestens über ihre berufliche Laufbahn und ihre Qualitäten informiert und zeigte mehr als deutliches Interesse an ihrem baldigen Eintritt in die Firma, selbstverständlich gut dotiert, mit großzügigen Spesengeldern und Geschäftsauto. Zur allseitigen Verblüffung lehnte Gabriele nach kurzer Bedenkzeit ab.

Im Freundeskreis erklärte sie sich folgendermaßen: »Ich hatte gleich am Empfang dieser Werbefirma ein ungutes Gefühl. Ich wurde eher kurz und abweisend begrüßt und erst, als ich meinen Namen nannte und sagte, mit wem ich einen Termin hatte, gab's einen Umschwung auf Lächeln und direkten Augenkontakt. Die Begrüßung auf der Chef-Etage hätte nicht herzlicher sein können. Als wir uns gesetzt hatten, erschien eine eher mürrische Sekretärin und fragte nach unseren Getränkewünschen. Mir mißfiel, daß sie mir nicht vorgestellt, sondern wie Luft behandelt wurde. Einer der Herren bellte ihr unsere Wünsche ›so über die linke Schulter‹ zu. Es gab kein Danke, geschweige denn ein Lächeln, als die Getränke kamen. Es wurde einfach kommentarlos zur Kenntnis genommen.

Während der Besprechung wurde ein wichtiges Telefongespräch durchgestellt, aber erst, nachdem die Telefonistin wegen der Störung gerügt wurde. Das Telefonat selbst wurde dann mit öliger Freundlichkeit erledigt.

Auf dem Nachhauseweg überlegte ich, daß diese Firma ihre Geschäfte doch über den direkten menschlichen Kontakt machte. Da es mir nicht wohl war nach diesem kurzen Einblick in die Arbeitsatmosphäre – wie muß es da anderen ergehen? Zudem: ich konnte mir lebhaft die unzufriedene Stimmung, gerade unter den kleineren Angestellten, vorstellen. Ich bin überzeugt, die haben einen steten Personalwechsel, weil die Chefetage nur an sich selbst denkt und alle anderen als ›Underdogs‹ behandelt. Und da habe ich mir gesagt, nein danke, ich verdiene lieber etwas weniger und weiß, wo es mir wohl ist.»

Sicherlich wäre die Werbefirma äußerst betroffen, wüßte sie, welchen Eindruck sie hinterlassen hatte. Gabriele nahm deutlich die *unbewußten Botschaften* wahr, die durch die *Vernachlässigung der Bezugs-Ebene* förmlich in der Luft hingen: kein gutes Mitarbeiterklima, vermutlich von Neid und Mißgunst durchsetzte Arbeitsstrukturen, wenig Motivation, wenig Solidarität und sicherlich keine Loyalität.

Wir können Gabriele nur gratulieren zu ihrer gut entwickelten 3. Kommunikationsebene und ihrem abschlägigen Entscheid!

Hierarchie-Rituale – Ordnung muß sein

Ein Wort im Arbeitsbereich, das heute gerne und viel zitiert wird, ist *Kollegialität*. Eine kollegiale Arbeitsatmosphäre, ein kollegialer Umgangston, ein kollegialer Chef. Man lasse sich ja nicht irreführen dadurch!

Ein Assistenzarzt in einer großen Klinik erzählte zu diesem Thema: »Ich bin letzte Woche dem Klinikchef, Professor Meyer, auf Visite begegnet. Er geruhte mich zu erblicken, nickte mir sogar freundlich zu und sagte: ›Einen schönen guten Morgen, Herr Kollega.‹ Ich war geschmeichelt ob der netten Anredeformel, die durchaus Usus ist in unserem Beruf. Ich verbeugte mich kurz und erwiderte: ›Besten Dank, Herr Kollega, Ihnen auch.‹ Was dann geschah, war gar nicht schön: während ich mit hochrotem Kopf vor aller Augen dastand, apostrophierte mich der liebe Herr Kollega, als wäre ich noch in den Windeln: ›Was fällt Ihnen eigentlich ein, Sie ignoranter Frechdachs, mich als Herr Kollega anzureden? Für Sie bin ich immer noch Herr Professor Meyer. Ich erwarte sogleich, coram publico, eine Entschuldigung!‹ – Natürlich habe ich mich entschuldigt. Fortan weiß ich, auf alle Ewigkeit, daß Herr Kollega nicht gleich Herr Kollega ist.«

Ein schönes Beispiel von mißverstandener »Kollegialität«. Wehe dem, der einen offeneren Ton oder ein freizügigeres Verhalten seines Vorgesetzten falsch einschätzt – er kann sich dadurch ohne weiteres den eigenen Aufstieg erschweren bis verunmöglichen.

Derselbe Aufsichtsratsvorsitzende, der erstaunt-freundlich sagt: »Aber, aber, meine Damen und Herren, warum stehen Sie denn noch herum? Setzen Sie sich doch!«, wäre äußerst pikiert, wenn die Leute sich tatsächlich schon *vor* seiner Aufforderung gesetzt hätten. Und natürlich wird ihm der Vortritt gelassen, wo man auch hingeht. Er kann ohne weiteres murmeln: »Oh bitte, nach Ihnen.« Und dann, aber erst dann!, darf – mit vielem Dank – der Vortritt von jemand anderem übernommen werden. Ihm (oder seiner Frau) gebührt natürlich beim Firmenempfang auch das erste Glas Champagner – das er durchaus gütig lächelnd weiterreichen kann. Schlimm, wenn angenommen würde, er verzichte auf eines dieser hierarchischen Vorzugs-Rituale, die – für alle klar und eindeutig – eine erreichte *Macht-Stellung* signalisieren und unterstreichen.

Dabei darf nie außer acht gelassen werden, daß diese Vorzugs-Rituale einen enorm hohen Stellenwert einnehmen. Es sind maßgebende hierarchische Rituale, ähnlich wie die der Hack- oder Beißordnung im Tierreich.

Nur wer ein feines Gespür dafür hat, wird in einer hierarchischen Struktur vorwärts kommen. Seine Qualifikationen sind wohl die nötige Voraussetzung, doch dann kommt es darauf an, ob der Betreffende unausgesprochene Botschaften entschlüsseln kann, bis er selbst in der Position ist, freundlich-erstaunt seine Untergebenen zu fragen, warum sie sich denn noch nicht gesetzt hätten? Kurz: wenn er selbst das Ritual aufnimmt und bestimmt.

Bis er aber soweit ist, muß er genau darauf achten, daß er sich in die Vielzahl der Rituale richtig und angemessen einfügt: welches Auto er fährt, welche Status-Symbole er zeigt, wie er sich wann kleidet, welchen Umgang er pflegt usw.

Es gibt unzählige dieser hierarchischen Rituale, die alle nur einem Zweck dienen: eine festgefügte Ordnung und Struktur zu untermauern. Selbstverständlich dürfen diese Rituale nicht versteinern, also unverrückbar sein. Sonst werden sie zu Zwängen und zu einem starren Korsett, das den Widerstand reizt und die »Revolution« programmiert.

Eine wirklich erfolgreiche Chefetage weiß genau, wann welche Rituale überaltert sind und gar lächerlich werden, weil die Botschaften schlichtweg nicht mehr dem Zeit- oder Firmengeist angepaßt sind. Es ist dann interessant zu beobachten, in welchen Firmen die Vorgesetzten mit betont aufgekrempelten Hemdsärmeln, ohne Krawatte und Jackett, herumgehen und wo konservative Kleidung und Gehabe noch immer die Regel sind. Die Hierarchie-Rituale sind dann wohl etwas verschieden – die Botschaften signalisieren aber unverändert, auf welcher hierarchischen Stufe sich jemand befindet und welche *Privilegien* ihm zustehen – und welche noch nicht.

Verhandlungs-Rituale – ein stimmiger Reigen

Erfolgreich abgeschlossene *Verträge* sind in allererster Linie das direkte Resultat eines *erfolgreich durchgeführten Verhandlungs-Rituals*. Bei jeder Verhandlung gibt es zwei interessierte Parteien. Die des Anbieters (Verkäufers) und die des Interessenten (Käufers).

Beide sind natürlich hervorragend informiert und mit allen nötigen eigenen und von der anderen Seite erwarteten Argumenten ausgestattet und rhetorisch geschult – also bestens vorbereitet auf eine intensive Verhandlung. Natürlich wurden vorherige Erkundigungen über die Persönlichkeit des Verhandlungspartners eingezogen. Schließlich will man keine Zeit verlieren.

Je nach Produkt und Marktlage ist der eine oder der andere in der Position des Stärkeren. Beide wissen das und kennen auch die jeweiligen Stärken und Schwächen der eigenen Partei – und ahnen die Stärken und Schwächen der anderen. Und jetzt beginnt ein Ritual-Reigen.

Für den *Anbieter* sind zwei Ausgangssituationen denkbar: entweder ist die andere Partei interessiert an ihn herangetreten, weil er ein gesuchtes Produkt hat, oder er ist aus eigener Initiative an die andere Partei herangetreten mit dem Versuch, Interesse zu wecken. In der ersten Ausgangslage ist er in der stärkeren Position, in der zweiten in der schwächeren.

Beginnen wir mit der 1. Situation: Der Interessent möchte das Produkt. Der Anbieter kann es liefern und verkaufen. Der Interessent hat noch andere Angebote. Es wird zu einer Preisfrage.

Jede der beiden Parteien »zeigt« nun ihre Stärken, ähnlich Boxern, die vor dem Match ihre Muskeln spielen lassen. Das *Zeige-Ritual* verlangt gemäßigtes Imponiergehabe. Der Anbieter wird zu verstehen geben, daß sein Produkt mit Abstand das Beste sei, weil … Er wird einfließen lassen, daß noch andere daran interessiert seien, jedoch einiges dafür spreche, unter bestimmten Umständen dem gegenwärtigen Interessenten den Vorzug zu geben, natürlich unter der Bedingung, daß man sich über die Preisfrage einigen könne …

Der *Interessent* wird mit distanzierter Aufmerksamkeit zuhören. Zuviel Interesse-Zeigen ließe wenig Spielraum für eventuelle Preisverhandlungen. Er wird dem Anbieter zu verstehen geben, daß er wohl großes Interesse habe, doch noch andere Angebote in Betracht ziehen müsse, die ebenfalls hohe Qualitätsstandards aufweisen würden. Zudem hätten sie mit der auswärtigen Firma X schon einmal einen höchst befriedigenden Abschluß getätigt...

Ende der ersten Runde, des *Zeige-Rituals.*

Jetzt sollte genügend Zeit für ein gemeinsames Essen eingeschaltet werden, dessen Kosten der Interessent trägt. Damit wird dem Werbe-Ritual genüge getan: der Werbende, der Interessent zahlt und bekräftigt dadurch seine Position als Initiant.

Beim Essen wird direkt zur nächsten Runde, dem *Abtast-Ritual* übergeleitet. Angeregt wird über viel Nebensächliches und wenig Privates geplaudert. Gemeinsame Geschäftsverbindungen werden gestreift, aber nur im Konversationston. Jeder *»tastet«* nun den anderen auf der *Bezugs-Ebene* ab, versucht Botschaften zu entschlüsseln. Derselbe Weingeschmack? Wunderbar. Über Weinfragen läßt sich vieles aushorchen. Der Anbieter reist häufig ins Burgund und versucht gerade, dort ein Schlößchen zu kaufen? Hmm, die Geschäfte scheinen gut zu laufen. Vielleicht nicht empfehlenswert, den Preis allzusehr drücken zu wollen...

Der Interessent mußte seine Ferien verschieben? Aha, er ist mit Arbeit überhäuft. Vielleicht nicht allzu unnachgiebig sein in den Konditionen... die Geschäfte laufen gut... und vielleicht wendet er sich sonst den anderen Angeboten zu...

Ende der 3. Runde, des *Abtast-Rituals.*

Und nun kommen wir zur letzten Runde, dem *Abschluß-Ritual*. Beide Parteien »wissen« jetzt Bescheid. Jetzt kann noch eine Bedenkzeit eingeschaltet werden. In unserem Fall kaum, denn beide haben einander Ebenbürtiges signalisiert: Gleiche Stärken, gleiche Sicherheit, gleiches Qualitätsbewußtsein – sie werden sich auch preislich einigen können. Es gab keinerlei hemmende Botschaften und die *Abfolge der Rituale* wurde von beiden Seiten beachtet. Ein erfolgreicher Abschluß!

2. Situation: Der Anbieter hat ein gutes Produkt und versucht, die andere Partei dafür zu interessieren.

Anbieter in der stärkeren Position

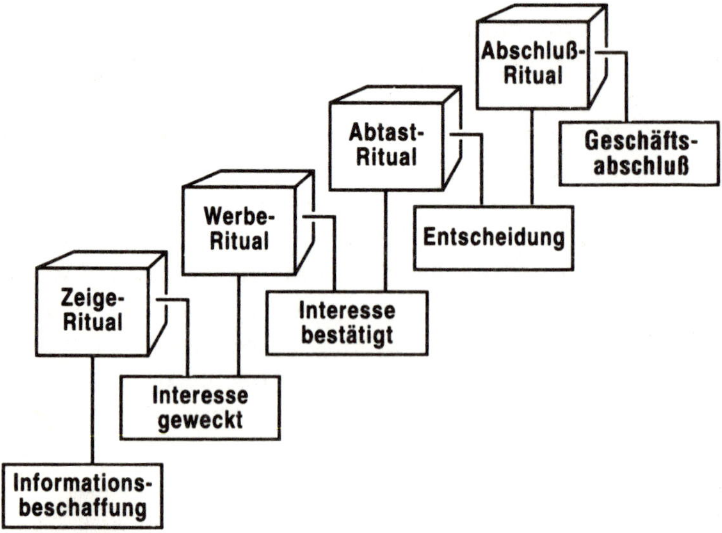

Betrachten wir nochmals den Ritual-Ablauf eines erfolgreichen Abschlusses:

1. Zeige(Imponier)-Ritual
2. Werbe-Ritual
3. Abtast-Ritual
4. Abschluß-Ritual

Es wäre falsch, hier mit dem Zeige-Ritual zu beginnen. Solange der andere nicht deutliches Interesse zeigt, ist Imponiergehabe fehl am Platz – es würde nur die hemmende Botschaft von Selbstüberschätzung und Fehlinterpretation der Situation vermitteln –, das Gespräch wäre beendet, bevor es überhaupt begonnen hat!

Hier muß das *Werbe-Ritual* an erster Stelle kommen. Aber *niemals* in Form einer Einladung zum Essen, denn das würde die Botschaft von *»freundlicher Bestechung«* vermitteln, was äußerst schlecht wäre. Der mögliche Interessent würde sich nämlich verpflichtet fühlen – und das darf er auf keinen Fall zulassen.

Ein Werbe-Ritual in dieser Situation wäre ein etwas persönlicheres Schreiben, an die zuständige(n) Dame(n) und/oder Herr(e)n gerichtet, möglichst mit einer Empfehlung eines gemeinsam gut bekannten Dritten im selben Geschäftsbereich, mit einem Terminvorschlag zur Kontaktnahme. Beiliegend natürlich sämtliche nötigen Informationen, möglichst kurz und attraktiv gehalten. Wenn anschließend eine Zusage für die persönliche Kontaktnahme erfolgt, war die erste Runde, das *Werbe-Ritual,* erfolgreich.

Erst jetzt folgt eine etwas abgeänderte Form des *Zeige-Rituals*, denn nur der Anbieter muß »imponieren«. Macht er zuviel, wirkt er wie ein Billig-Vertreter – macht er zu wenig, wird er langweilen und den Eindruck erwecken, nicht kompetent zu sein. Ein schwieriger Balance-Akt.

Hier empfiehlt sich eine minutiöse Vorbereitung, um die eigentliche Präsentation machen zu können. Immer mit dem Schwerpunkt: Kurz, aber es muß neugierig machen... Wenn der potentielle Interessent beginnt, Fragen zu stellen und seine eigene Meinung einzubringen, eventuell sogar etwas über einen möglichen Abschluß sagt, ist auch die zweite Runde, das *Zeige-Ritual*, erfolgreich gewesen.

Und jetzt ist höchste Vorsicht am Platz! Auf keinen Fall darf der Vorschlag eines Abtast-Rituals vom Anbieter kommen. Das allerbeste Verhalten jetzt wäre das Zusammenpacken der Unterlagen, etwas Small Talk und ein baldiges Verabschieden, eventuell mit der unterschwelligen Botschaft, noch zu einem anderen Interessenten gehen zu müssen. *Jegliche Initiative* liegt jetzt beim neugierig gewordenen potentiellen Interessenten. Der Anbieter darf noch eine nette, unverbindliche Zusammenfassung schicken – und sonst muß er geduldig abwarten. Erst wenn die andere Partei sich wieder meldet, wird es zu einem Abtast-Ritual kommen, auf deren Initiative, was mit großer Wahrscheinlichkeit direkt zum Abschluß-Ritual führt.

Anbieter in der schwächeren Position

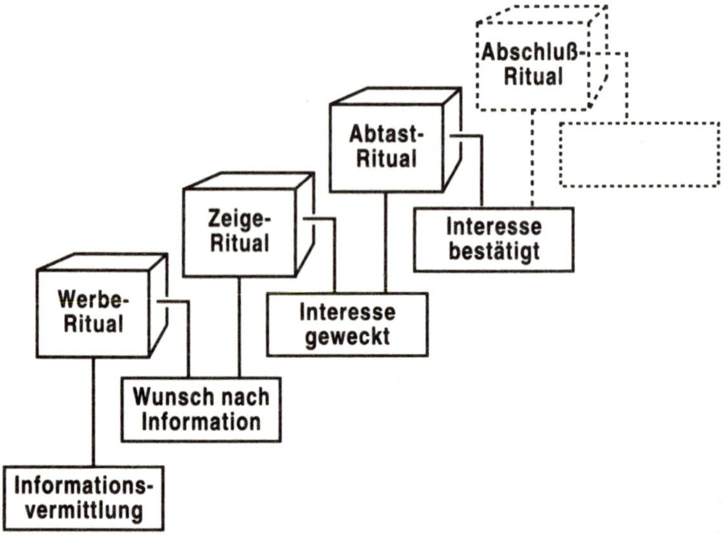

Beim ersten Beispiel war die Einhaltung der Verhandlungs-Rituale relativ einfach. Sie dienten der *Untermauerung* und dem reibungslosen und erfreulichen kommunikativen Ablauf. Beide Verhandlungspartner hatten eine ähnlich sichere und starke Position.

Was beim zweiten Beispiel keineswegs der Fall war. Da sich die beiden Parteien in ungleichen Positionen befanden, ging es darum, die Verhandlungs-Rituale *richtig und gezielt* einzusetzen, damit überhaupt ein nützliches *Interesse geweckt* werden konnte.

Beide Male wurden also dieselben Rituale und die von ihnen transportierten Botschaften erfolgreich eingesetzt – in anderer Reihenfolge und den jeweiligen Umständen überlegt und kreativ angepaßt.

Rituale als Brücke zu erfolgreichen Verhandlungen

Eröffnungs-Rituale – Werkzeug der Berufs-Kommunikatoren

Wie steht es eigentlich mit den Leuten aus den als *kommunikativ bekannten Arbeitsbereichen* wie zum Beispiel Vertreter, Fernsehschaffende, Journalisten, Presseleute, Verleger, Politiker usw.? Man könnte doch annehmen, daß sich diese Berufs-Kommunikatoren keine Sorgen machen müssen um ihre 3. Ebene, denn sie wissen doch sicherlich aufs genaueste Bescheid über sämtliche Kommunikations-Finessen. Da schwirren wohl kaum unbewußte und hemmende Botschaften durch die Arbeitsbereiche, und Rituale im zwischenmenschlichen Bereich werden sorgfältig gehegt... Was natürlich ein Mythos ist. Ähnlich der Idee, daß ein Arzt so gut Bescheid wissen sollte über Krankheiten, daß er selbst nie krank wird...

Berufs-Kommunikatoren haben um die *Kraft von bestimmten Ritualen* gelernt und bedienen sich ihrer als Technik, um anderen Menschen ein Gefühl des Willkommen-Seins und des Verstanden-Werdens zu vermitteln. Warum? Damit die anderen sich wohl fühlen, Mißtrauen abbauen, aus sich herauskommen – sich positiv beziehen. Und das können sie, weil der Berufs-Kommunikator geschickt die 3. Ebene, die Bezugs-Ebene, eröffnet hat.

Denken Sie nur an einen *Politiker* – welche Chancen hätte er, von Ihnen gewählt zu werden, wenn Sie nicht Vertrauen zu ihm verspüren würden. Und jetzt überlegen Sie, *warum* Sie ihm eigentlich vertrauen. Sicher nicht nur wegen des »Inhalts« seiner Mitteilungen, auch nicht seiner Mimik und Gestik wegen, sondern hauptsächlich wegen einer bestimmten Art und Weise, wie er das Gesagte »verpackt«, es Ihnen »nahe bringt«.

Rituale als Technik zur Eröffnung der Bezugs-Ebene

Auch Medienleute müssen in der Lage sein, »auf die Schnelle« diese Art Kurz-Bezug herzustellen. Schließlich müssen sie ihren Lesern, Zuhörern, Zuschauern auf ansprechende Art Menschen zeigen, vorführen und beschreiben können. Und das gelingt am besten, wenn der Angesprochene sich wohl und bestätigt fühlt auf seiner Bezugs-Ebene und dadurch »aus sich heraus« kommt.

Dann kann zum Beispiel ein Journalist ohne weiteres jemanden zum Vielreden bringen – was ohne die vorherige Bezugs-Herstellung sicherlich schwierig bis unmöglich gewesen wäre. Ähnlich dem Vertreter, der seine erfolgreichsten Abschlüsse hauptsächlich über die Bezugs-Ebene seiner Kunden erreicht. Oder dem Verkäufer, der durch sicheres Eröffnen der 3. Kommunikations-Ebene sogar »einem Eskimo Kühlschränke verkaufen könnte«.

Also:

Je schneller und gezielter die 3. Kommunikationsebene beim anderen eröffnet wird, um so erfolgreicher der Kommunikator. Dagegen ist nichts einzuwenden, wenn das, was der Kommunikator beabsichtigt und erreicht, moralisch-ethisch einwandfrei ist.

Aber:

Wir kennen aus der Geschichte (auch aus der jüngeren!) durchaus Beispiele von bestimmten, sehr erfolgreichen Kommunikatoren, die durch ihre Fähigkeit, Bezug hervorzulocken, ganze Völker ins Unglück stürzten ... Und im kleineren Rahmen haben wir alle schon von Hochstaplern, Betrügern und Heiratsschwindlern gehört, die ihren »Erfolg« ihren kommunikativen Fähigkeiten verdanken.

Doch das nähere Eingehen darauf würde den Rahmen dieses Buches sprengen. Kehren wir daher zurück zu »sauberen« Kommunikationstechniken.

Ein erfolgreicher Kommunikator weiß also genau, wie er die 3. Ebene, die des Bezuges, ansprechen muß. Er hat zahlreiche *Eröffnungs-Rituale* gelernt und weiß sie anzuwenden. Das bedeutet aber keineswegs, daß seine eigene Bezugs-Ebene überhaupt im Spiel ist. Er setzt Rituale lediglich als Techniken ein – und bleibt selber »draußen«, weil er sich nicht bezieht.

Er beschränkt sich – ganz gezielt – auf eben diese *Eröffnungs-Rituale*, damit der Gast, der Kunde, der Angesprochene sich wohl fühlt und sich auf ihn, auf den Anlaß, auf die Veranstaltung einläßt. Die Anwendung von *Eröffnungs-Ritualen* findet nicht nur im Rahmen von Kommunikativ-Berufen statt. Wir alle kennen Menschen, die uns auf Anhieb sympathisch sind, weil sie »richtig« auf uns zugehen und uns mit den »richtigen« Worten begrüßen, so daß unser Herz förmlich aufgeht. Und dann suchen wir das tiefere Gespräch mit ihnen, den näheren Kontakt – und erhalten wenig bis nichts. Eine Tür, die uns vor der Nase zugeschlagen wird, dabei dachten wir doch, wir seien zum Eintreten aufgefordert worden.

Ein schlimmes Gefühl. Vor allem für Menschen, die Mühe haben, ihre 3. Kommunikationsebene einzubringen, und sich somit häufig als Mauerblümchen auf Gesellschaften erleben. Und dann tritt jemand »richtig« auf sie zu, und wie mit einem »goldenen Schlüssel« eröffnet sich die Bezugs-Ebene. Mit fliegenden Fahnen eilt ihm so ein Mauerblümchen entgegen – und wird enttäuscht.

Denn wohl war die Bezugsebene mit dem richtigen Ritual eröffnet worden, doch die Botschaft hieß keineswegs: »Komm mir nahe«, sondern nur: »Ich fühle mich wohl, und du? Laß uns etwas plaudern, und dann geht jeder wieder seiner Wege.«

Die Kehrseite der Medaille

Wie geht es diesen Berufs-Kommunikatoren auf ihrer eigenen Bezugs-Ebene? Sie können zwar auf Menschen zugehen, Vertrauen einflößen, eine gute Atmosphäre schaffen... Doch wissen wir jetzt, daß vieles davon angelernt und »nur« gezielte Kommunikationstechnik ist – Rituale also als Mittel zum Zweck, ohne eigenes Engagement und Bezug, ohne wirkliches Sich-Einbringen.

Mit der eigenen Bezugs-Ebene des Kommunikators steht es von daher nicht immer zum Besten. Er steht unter dem ständigen beruflichen Druck, Bezug bei anderen hervorzuholen. Um das zu können, muß er eine gewisse Leichtigkeit, Spontanität und permanente Freundlichkeit durch seine Eröffnungs-Rituale ausstrahlen. Denken Sie nur an erfolgreiche Fernseh-Moderatoren – deren innere Anspannung und Anstrengung ist gewaltig. Wen wundert es, daß gerade in diesem Berufszweig aufputschende Mittel wie Alkohol und Drogen weit verbreitet sind? Vor dem Gespräch, dem Interview, der Ansprache oder der Sendung schnell ein, zwei Gläschen Wein – und man wird *wunderbar entspannt* und *beflügelt*. Die angesprochene Seite spürt Offenheit und Beschwingtheit – der Bezug ist schnell und mühelos hergestellt. Der Anlaß wird zum *Erfolg*. Vielleicht reichen zur Auflockerung ein, zwei Gläschen mit der Zeit nicht mehr – dann braucht es eben mehr. Daraus wird Gewohnheit und bald Abhängigkeit vom erfolgversprechenden Stimulans. Die Sucht hat Einzug gehalten. Und wer den Zusammenhang »Aufputschmittel = Entspannung = Erfolg« einige Male »positiv« erfahren hat, wird kaum mehr loslassen wollen. Jeder meint sowieso, er hätte »es« im Griff, er könne jederzeit aufhören. Ein menschlich destruktiver Teufelskreis ist etabliert – und keiner merkt es.

Das ohnehin spärliche Privatleben eines Berufs-Kommunikators ist durch diesen permanenten Erfolgsanspruch gefährdet und dementsprechend chaotisch. Vor allem dann, wenn wegen PR-Zwecken ein Image von »heiler Welt« gezeigt werden sollte. Gerade Ehen und Familien in der Medienwelt stehen deswegen unter Dauerstreß und laufen Gefahr zu zerbröckeln. Jahrelang müssen private Anliegen und Wünsche auf die Seite geschoben werden, um dem Öffentlichkeitsanspruch Genüge zu tun – irgendwann ist die innere Substanz derart strapaziert, daß es zum Knall kommt. Wenn da noch eine Suchtproblematik mitmischt, wird der Berufs-Kommunikator endgültig zum menschlichen Wrack. Millionenfach hat er es geschafft, dank seiner Kommunikationstechnik Bezug zu vermitteln – doch er scheiterte daran, echten Bezug zu sich und anderen herzustellen. Da ist er buchstäblich verhungert.

Natürlich muß es nicht so weit kommen. Wenn ein Berufs-Kommunikator genügend Kritikbewußtsein entwickelt hat, wird er sich nicht in diesen kommunikativen Hexenkessel von »allzeit bereit« ziehen lassen. Er wird sich zu schützen wissen vor der Tatsache, daß »alle ständig etwas von ihm wollen«. Er weiß, daß er diesem Ansturm und Druck sowieso nie genügen kann, weil er selbst ja nur Bezug signalisierte, um Gegenbezug hervorzuholen, ihn selbst aber nicht verspürte. Ein Mensch ist unmöglich in der Lage, den tausend- bis millionenfachen Bezug zu erwidern, den er berufshalber »anzetteln« mußte.

Er wird, vielleicht noch mehr als andere Menschen, die nicht unter einem so extremen Druck leben, auf das Entwickeln und Bewahren privater Bezugs-Rituale achten müssen.

ALLTAGS-RITUALE

In welcher Atmosphäre und Stimmung lesen Sie jetzt gerade? So zwischendurch – oder haben Sie es sich in einer Ecke gemütlich gemacht, eventuell mit einer Tasse Kaffee oder Tee? Dann sind Sie dabei, ein *Lese-Ritual* zu zelebrieren. Genießen Sie es.

Sie haben vieles erfahren über die verschiedensten Rituale – begonnen bei den magischen, dann über die gesellschaftlichen und beruflichen bis hin zu denen in den Kommunikativ-Bereichen. Sicherlich haben Sie einiges wiedererkannt und teilweise eine neue Sicht von *kommunikativen Abläufen* entwickelt. Hat sich Ihre Beobachtungsgabe noch verschärft bei Einladungen, sonstigen Anlässen und Verhandlungen? Sie finden die Kommunikations-Pyramide ja überall. Vielleicht hatten Sie sogar Gelegenheit, Kommunikationsschwierigkeiten zu bemerken, die dadurch entstanden, daß die 3. Ebene, die Bezugs-Ebene, mißachtet oder falsch hergestellt wurde. Sie wissen nun: Ob beruflich oder privat, wir bewegen uns ständig in Ritualen. Je besser wir sie verstehen, um so besser können wir sie auch anwenden, um auch unser *privates Leben* erfolgreicher zu gestalten.

Morgen-Rituale – unsere Art, den Tag zu beginnen

Wir alle haben unser *Aufwach-Ritual*, sei es durch blitzartiges und forsches Aufspringen nach dem Wecken, weil man sonst wieder einschläft, durch genüßliches, langsam sich auf den neuen Tag einstimmendes Hin- und Herwälzen, um sich noch eine Prise Dösen zu gönnen, mit aufmunterndem Musikhören usw. Jeder sollte sein Aufwach-Ritual erkennen und pflegen, weil die *Tagesstimmung* stark von der Art und Weise des Einhaltens des persönlichen Aufwach-Rituals abhängt.

Das anschließende *Badezimmer-Ritual* ist der zweite Schritt in den Tag und bestimmt das *körperliche Wohlbefinden.*

Sollten Sie zu den Menschen gehören, die am Morgen nur eine rapide Katzenwäsche hinter sich bringen? Dann überprüfen Sie, ob es Ihnen körperlich tatsächlich optimal geht während des Tages. Wenn ja, dann stimmt Ihr Katzenwäsche-Ritual, wenn nein: Was könnten Sie sich zwecks Steigerung Ihres körperlichen Wohlbefindens am Morgen zuliebe tun? Eine Wechseldusche zum Ankurbeln des Kreislaufes? Eine Bürstenmassage, anschließend eine tolle, gut riechende Body-Lotion? Testen Sie für sich mehrere Möglichkeiten aus, bis Sie den Eindruck haben, jetzt hätten Sie Ihr Badezimmer-Ritual entdeckt. Diese »äußerlichen« Rituale dürfen nie unterschätzt werden. Vor einigen (vielen?) Jahren wurden Sie am Morgen gewaschen oder gebadet, gepudert, angekleidet – und haben dadurch eine Menge körperlicher Zuneigung und Streicheleinheiten erfahren. Etwas in Ihnen wird sich immer daran erinnern und sich danach zurücksehnen. Doch jetzt sind Sie allein-verantwortlich für Ihren Körper – geben Sie ihm das, wovon er sonst nur träumt. Er wird es Ihnen danken in Form von *erneuter Spannkraft* und *Wohlbehagen.* Sie können durch ein liebevolles Badezimmer-Ritual einen besseren *Bezug* zu Ihrem Körper schaffen.

Und nun zum *Frühstücks-Ritual.* Das beinhaltet keineswegs, daß Sie essen müssen, wenn Sie am Morgen noch keinen Hunger verspüren. Aber sehr wohl, daß Sie genügend Zeit einplanen sollten, damit Sie sich noch entspannt hinsetzen können, vielleicht mit einem Morgengetränk und einer Frucht, um sich auf den Tag vorzubereiten. Eine Art *geistige Vorbereitung* für all das, was voraussichtlich auf Sie zukommt, und für all das, was Sie noch nicht abschätzen können – weshalb Sie einfach offen und positiv eingestellt sein sollten.

Wiederholen Sie einige Male ganz entspannt für sich: »Ich freue mich auf diesen Tag und auf all das, was er bringt. Ich verspüre genug Kraft, um auch mit Widrigkeiten umzugehen. Ich bin neugierig auf meinen Tag und bin offen für alles.«

Mit Ihren Morgen-Ritualen sorgen Sie für eine Art geistige Entspannung und Offenheit – eine positive Grundhaltung für das Tagesgeschehen. Sie sind bezugsbereit.

Bevor Sie sich jetzt zu Ihren täglichen Aktivitäten begeben, überlegen Sie noch, welche Botschaft Sie ausstrahlen möchten, welchen Eindruck Sie vermitteln wollen. Denken Sie daran: es liegt weniger an Ihren Worten, an Ihrem Auftreten – es liegt an der Art und Weise, wie Sie sich innerlich auf Menschen einstellen, wie Sie *Bezug schaffen*.

Eigene Eröffnungs-Rituale

Sie haben über die Wichtigkeit von *Eröffnungs-Ritualen* gelesen. Auch Sie benötigen diese Rituale – sonst können Sie nicht selbst zu anderen in Kontakt treten, keinen Bezug eröffnen. Sie bleiben Außenseiter, zur Passivität verdammt, und sind darauf angewiesen, daß andere an Sie herantreten. Und wenn keiner kommt? Besser, Sie haben den Mut, Ihre persönlichen Eröffnungs-Rituale zu überprüfen und nötigenfalls gezielt zu entwickeln.

Die gängige Begrüßungs-Formel: Wie geht es Ihnen (dir)? mag abgedroschen und nichtssagend wirken. Deswegen wird sie auch von vielen als »schal und leer« abgelehnt. Trotz allen Vorbehalten ist es ein wundervolles Eröffnungs-Ritual. Achten wir mal auf die Stimmlage, auf die Melodie, wenn jemand uns fragt: Wie geht es dir? Spüren wir sein Interesse daran, *wie* es uns tatsächlich geht, oder bleibt es tatsächlich eine floskelhafte Leerformel?

Plötzlich kann nämlich aus dieser so häufig und gedankenlos gebrauchten Höflichkeitsfloskel ein echtes Eröffnungs-Ritual werden – für beide Seiten. Je nachdem, wie gefragt wird, gibt der andere auch eine differenziertere Antwort und stellt dieselbe Frage mit ähnlichem Gegeninteresse. Ein Bezug wurde beschworen und kann nun weiterentwickelt werden.

Lassen Sie Eröffnungs-Rituale nicht auf sich beruhen. Falls Sie Interesse verspüren an einem anderen Menschen: knüpfen Sie eine bezugsschaffende Frage an, und sagen Sie dann auch etwas über sich selbst aus. Damit machen Sie den anderen auf sich neugierig. Eine gute Ausgangslage für weitere Kommunikation.

Positiv-Beispiel:

A: »Hallo, guten Tag. Wie geht es Ihnen?«

B: »Ich wünsche Ihnen auch einen guten Tag. Danke – es geht mir gut. Und Ihnen? Waren Sie wie ich spazieren bei diesem tollen Wetter?«

A: »Nein, zu einem Spaziergang hat es noch nicht gereicht. Leider. Wo sind Sie denn hingegangen?«

B: »Ach, einfach bis zum Wald und zurück. Ich bin auch etwas zeitknapp. Aber nicht wahr, es weckt sämtliche Lebensgeister, so ein bißchen Sonne und frische Luft. Mir bekommt das jedesmal aufs neue.«

A: »Nein, das kann ich von mir nicht behaupten. Ich muß mich immer überwinden, und dann habe ich prompt ein schlechtes Gewissen, weil ich doch etwas anderes hätte tun sollen. Kennen Sie dieses Gefühl?« …

Aus diesem Beispiel können Sie ersehen, wie aus einem einfachen Eröffnungs-Ritual ein langsam sich intensivierender Austausch wird. Keiner läßt den anderen »alleine«, jeder stellt wieder eine interessiert-neugierige Frage und gibt eine Information über sich. Sonst würde das Ganze zum bald langweiligen Frage-Antwort-Spiel, ohne mögliche Bezugnahme. So aber wird das Eröffnungs-Ritual zum Träger der Botschaft: »Ich bin interessiert an einem weiteren Austausch mit dir« – es entsteht eine Brücke zum Du.

Ein mißglücktes Eröffnungs-Ritual:

A: »Guten Tag. Wie geht es Ihnen?«

B: »Guten Tag. Danke, gut. Und Ihnen?«

A: »Auch gut. Kunststück, bei dem Wetter …«

B: »Jaja. Es ist wirklich herrlich, so warm …«

Vielleicht wollten beide Seiten etwas ganz anderes – mehr Gespräch, mehr Austausch … Aber dadurch, daß keiner eine Aussage über sich machte, die eine Kommunikations-Brücke hätte bilden können, entstand kein Bezug. Das Eröffnungs-Ritual blieb leer – eine platte Höflichkeitsfloskel. Gewollt? Oder traurig-hilflos, weil »es« einfach wieder mal nicht klappte, mit jemand ins Gespräch zu kommen?

Überlegen Sie, auf welche Art Sie bei einem Eröffnungs-Ritual bezugsbildende Aussagen über sich machen können. Wie erwecken Sie Neugier? Und wie signalisieren Sie dem Gesprächspartner Ihr Interesse?

Abgrenzungs-Rituale

Sie haben einen Lebenspartner, der gerne Zeitung liest am Tisch, statt sich mit Ihnen zu unterhalten?

Nun, das scheint eines seiner *Entspannungs-Rituale* zu sein und ist von daher zu respektieren. Vielleicht aber spüren Sie eine *Abgrenzungs-Botschaft*: Ihr Partner benützt die Zeitung als Schranke zwischen sich und Ihnen. Auch das ist ernst zu nehmen. Versuchen Sie nicht, diese deutliche Abgrenzung zu unterlaufen oder gar anzugreifen. Wenn Sie diese Distanzierung schmerzt, sprechen Sie mit Ihrem Partner darüber. Gerade im intensiven Zusammenleben mit einem anderen Menschen, mit einer Familie, gibt es nicht nur *Bezugs-Rituale*, sondern auch *Abgrenzungs-Rituale*.

Wir alle kennen solche Situationen, wo eine deutliche Distanz-Botschaft in der Luft liegt. Allzu leicht fühlen wir uns dann alleine gelassen oder gar verletzt, wenn der andere ein deutliches Abgrenzungs-Ritual durchzieht, weil wir seinen Wunsch, Abstand zu schaffen, nicht verstehen.

Beispiel:
A: »Zwischen sieben und acht Uhr gehe ich wieder mal joggen.«
B: »Was, schon wieder? Ich wollte so gerne mit dir ins Kino ...«
A: »Jaja, ein andermal. Das können wir immer noch nachholen.«
B: »Aber der Film liegt mir sehr am Herzen ...«
A: »So? Ich habe mich aber schon mit Kollegen verabredet.«
B: »Dabei habe ich mich so sehr auf einen gemeinsamen Kinoabend gefreut... und du mit deinem Joggen ...«
A: »Mach doch nicht gleich so ein Theater, um Himmels willen! Kann man denn nicht mal mehr joggen gehen?! Du kannst ja auch was unternehmen!« ...

Es wäre ein Leichtes gewesen, die Distanz-Botschaft zu respektieren: Anscheinend will der Partner mit seinem Jogging-Ritual a) seine Kollegen sehen, b) etwas für sich tun und c) Abstand haben von seinem Partner, um dann d) gerne wieder nach Hause zu kommen. Abgrenzungs-Rituale sind uns allen ein Bedürfnis. Zudem bringen sie frischen Wind in eine Beziehung und aktivieren neue Lust zur Kommunikation:

A: »So. Das hat gut getan. Der Müller hat wieder mal schlapp gemacht – Kunststück! Der hat so 'nen Bierbauch. Und jetzt nehme ich eine gute Dusche. Was hast du in der Zwischenzeit getan?«

Erst in der Abgrenzung kann der Wunsch nach Nähe und Austausch erneuert werden. Die Frage, warum der Partner nicht einfach so sagt, er wolle etwas Abstand haben, erübrigt sich. Denn wir alle haben Sorgen, mit Worten den anderen zu verletzen oder vor den Kopf zu stoßen. Kurz: uns einer Situation auszusetzen, die vielleicht unliebsame Konsequenzen zeitigt. Von daher bieten sich Rituale als »diplomatische« Botschaftsträger an – gerade im Wunsch nach Abgrenzung.

Was tun Sie, wenn Sie etwas Distanz vom Du schaffen möchten? Gehen Sie in den Garten und erledigen dort allfällige Arbeiten? Waschen Sie Ihr Auto? Räumen Sie den Keller auf? Halten Sie einen Mittagsschlaf? Gehen Sie spazieren?

Im Idealfall können die Abgrenzungs-Rituale des Partners als eigene »Beziehungs-Pausen« benutzt werden – und umgekehrt.

Beispiel:
A: »Zwischen sieben und acht Uhr gehe ich wieder mal joggen.«
B: »Ok. Dann könnte ich mit X ins Kino gehen. Du weißt, ich möchte den Film schon lange sehen. Ich erzähle ihn dir dann.«
A: »Prima. Nächstes Mal gehen wir aber gemeinsam.«

Abgrenzungs-Ritual als erfrischende Beziehungs-Pause

Wenn Abgrenzungs-Rituale mißachtet werden, entstehen ernsthafte Beziehungsschwierigkeiten. Der Partner oder das betreffende Familienmitglied fühlt sich zunehmend eingeengt, es fehlt ihm an Freiraum, »an Luft«. Seine Botschaften werden nicht ernst genommen, nicht richtig entschlüsselt. Nicht nur Jugendliche beginnen dann mit kleinen oder größeren Lügengeschichten – selbst Erwachsene sind nicht davor gefeit, wenn es darum geht, einen Kegelabend, ein Kollegentreffen durchzusetzen, *ohne* den gerade zuviel Nähe suchenden, begriffsstutzigen Partner.

Vor allem die Rituale, die Jugendliche praktizieren, um sich von der Herkunftsfamilie abzugrenzen, verdienen besondere Aufmerksamkeit. Sie sind maßgebend für die spätere Beziehung zum Elternhaus und die Integration ins Erwachsenen-Dasein. Die bekanntesten sind sicherlich:

- lautes Musikhören bei geschlossener Zimmertüre. Botschaft an die Familie: Ich will und kann euch nicht hören.

- Telefonieren mit Freunden, eventuell stundenlang. Botschaft an die Familie: Ich habe jetzt einen anderen Beziehungskreis, mit dem ich lieber kommuniziere als mit euch.

- Kursbesuche, körperliche Ertüchtigung (Bodybuilding, Sport). Botschaft an die Familie: Ich setzte mich gezielt und bewußt für mich und meine Zukunft ein – ohne euch.

- häufiges Treffen mit Freunden. Botschaft an die Familie: Meine neue Welt, meine Zukunft liegt außerhalb der Herkunftsfamilie.

Beim jungen Menschen haben diese *Kommunikativ-Rituale* zweierlei Botschaften: eine *abgrenzend-ablösende* der bislang wertebildenden Herkunftsfamilie gegenüber und eine *einbindend-identifizierende* den jetzt Werte bildenden Freunden und der eigenen Altersgruppe gegenüber.

Diese Rituale helfen dem jungen Menschen, mit seinen Ablöse- und Zukunftsängsten besser fertigzuwerden. Der zur Reife nötige Abnabelungsprozeß von zu Hause wird erleichtert, weil die Zugehörigkeit, der *Bezug zur »Außenwelt«* schon geschaffen wurde.

Abgrenzungs-Rituale als Übergang zum Erwachsen-Werden

Eltern mißverstehen jugendliche Abgrenzungs-Botschaften oft als Liebesentzug, als »selbst nicht mehr wichtig sein«, und reagieren dann mit aggressiven Verlustängsten. Sie schränken die Aktivitäten des jungen Menschen kontrollierend ein und hemmen seinen Freiheitsdrang empfindlich. Dadurch wächst der Widerstand – die Trennungsabsicht des Jugendlichen wird programmiert. Kaum erwachsen, läßt er sich dann oft monatelang, oder gar jahrelang, nicht mehr blicken in einem derart einengenden Elternhaus.

Durch eine verständnisvolle Haltung gegenüber diesen nötigen Abgrenzungs-Ritualen können Eltern einen gewissen Einfluß bewahren. Mit einem distanzierteren, verständnisvollen Bezug sichern sie sich das Vertrauen des erwachsen-werdenden Kindes in dieser für beide Seiten schwierigen Ablösungsphase.

Sie sehen: Wohl verstärken Rituale kommunikative Netze und zwischenmenschliche Systeme – gleichzeitig ermöglichen sie aber auch angstfreiere Abgrenzungsbotschaften und kontrollierter verlaufende Auseinandersetzungen.

Beispiel:

A möchte B mitteilen, daß er aus einer langjährigen Wohngemeinschaft auszieht. Er lädt ihn zu einer Tasse Kaffee ein und eröffnet ihm die Neuigkeit erst dann, wenn beide schon ihre ersten Schlucke getrunken und etwas geplaudert haben. Durch das ritualisierte »Miteinander-etwas-Trinken« signalisiert A eine noch immer vorhandene Gemeinsamkeit, die es B ermöglicht, besser auf den bevorstehenden Auszug zu reagieren. Hätte A dieselbe Neuigkeit B im Stehen, so nebenbei, oder schriftlich überbracht, dann wäre B's Reaktion mit größter Wahrscheinlichkeit extremer verlaufen: mehr Wut, mehr Enttäuschung, durch das zusätzliche Gefühl des Sich-alleine-Fühlens – das Risiko eines bösen Streits wäre größer gewesen.

Ein Abgrenzungs-Ritual in der paradox scheinenden Gemeinsamkeit des Kaffee-Trinkens schließt keineswegs eine Auseinandersetzung aus – doch wird diese eingegrenzter verlaufen, weil die Umstände positiv-kommunikativ gestaltet wurden.

Ritual als Auseinandersetzungs-Grundlage

Haben Sie sich schon einmal überlegt, welche Auseinandersetzungs-Rituale Sie entwickelt haben? Wie streiten Sie? Welchen Zeitpunkt warten Sie ab, um »loszulegen«? Wenn Ihre Auseinandersetzungen positiv-kommunikativ verlaufen, also Ihr Streitpartner und Sie sich relativ leicht wiederfinden, dann stimmt Ihr Ritual. Wenn aber tagelang zwischen Ihnen »dicke Luft« herrscht, und Sie sich gegenseitig aufs schmerzlichste verletzt haben, dann kann etwas wohl nicht stimmen und Sie müssen Ihr Ritual überprüfen und eventuell ein neues entwickeln.

Prüfliste für Auseinandersetzungs-Rituale

Sie sind wütend auf Ihren Partner und jetzt

a) warten Sie ab, bis der Partner Sie nichtsahnend in die Arme schließt, um ihm Ihre Wut zu zeigen.
b) zitieren Sie Ihren Partner wie ein Kind zu sich, um ihm klar und deutlich Ihre Meinung zu sagen.
c) sagen Sie gar nichts mehr. Er wird dann schon merken, daß etwas nicht stimmt.
d) verlassen Sie sofort das Haus. Er wird sich Sorgen machen und sich etwas überlegen müssen.
e) rufen Sie sogleich Ihre(n) beste(n) Freund(in) an, erzählen alles brühheiß und beraten gemeinsam, wie Sie reagieren könnten.
f) kochen Sie Kaffee oder Tee und bitten Ihren Partner, sich mit Ihnen hinzusetzen. Dann sagen Sie ihm, warum und wie Sie wütend sind und hören anschließend seine Begründungen an.

Sie haben es geahnt: Natürlich beschreibt Punkt f) ein optimales Ritual. Denn damit schaffen Sie die Möglichkeit, sich *gemeinsam und konstruktiv auseinanderzusetzen.*

Merke: Streit-Rituale sollten immer in positiv-kommunikativen Umständen stattfinden.

Bemerken Sie gerade, daß Sie keines der erwähnten Streit-Rituale haben, sondern einfach losschreien und Ihr Partner ebenso? Nun, hier zählt das Ergebnis. Eine geklärte Atmosphäre weist darauf hin, daß Sie und Ihr Partner anscheinend kein spezielles Streit-Ritual brauchen, um Ihre Meinungen auszutauschen. Um so besser! Andernfalls werden Sie sich doch darum bemühen müssen, ein positives Streit-Ritual zu entwickeln. Vielleicht finden Sie bei einem Spaziergang über körperliches Abreagieren wieder zueinander? Durch einen brieflichen Austausch? Über eine kurze räumliche Trennung, mit anschließendem Gespräch?

Oder gehören Sie gar zu den Menschen, die von sich behaupten, noch nie mit Ihrem Partner gestritten zu haben? Dann wäre es an der Zeit, sich zu überlegen, welche komplizierten Rituale Sie entwickeln mußten, um einerseits Ihrem Harmoniebedürfnis gerecht zu werden und andererseits Ihre aufgestauten Spannungen doch noch irgendwie loszuwerden. Vielleicht könnten Sie diesen Energieaufwand gezielter und kreativer für Ihre Beziehung einsetzen – und dabei ab und zu einen Streit in Kauf nehmen.

Das Entschlüsseln von Botschaften

Wenn wir die Vielfalt von Ritualen allmählich erkennen, mit denen wir tagtäglich leben, beginnen wir auch zu begreifen, daß wir eigentlich ständig damit beschäftigt sind, Botschaften zu *senden* und zu *empfangen*. Unbewußt wird dem *Entschlüsseln* viel Aufwand gewidmet, ob wir wollen oder nicht.

Verspürten Sie auch schon einmal ein ungutes Gefühl in der Magengrube nach einem scheinbar ganz positiv verlaufenen Gespräch? Dann wurde Ihnen sicherlich irgendwie eine Botschaft vermittelt, deren Inhalt alles andere als positiv war – und Sie haben es auf Ihrer 3. Ebene, auf Ihrer Bezugs-Ebene gespürt.

Überprüfen Sie in einem solchen Moment die Rituale, die stattfanden. Wie war die Begrüßung, das Eröffnungs-Ritual? Welches weitere Kommunikativ-Ritual fand anschließend statt? Haben Sie gemeinsam etwas getrunken, gegessen? Auf welche Art und Weise wurde das Hauptthema angesprochen? Wie war am Schluß die Verabschiedung?

Ein stimmiges Gespräch hat (natürlich) einen mehr oder weniger unbewußt ritualisierten Ablauf:

- *Eröffnungs- und Abtast-Ritual* -> gegenseitiger Höflichkeitsaustausch mit kurzer Aussage über sich, um einen Bezug zu ermöglichen.

- *Erstes Abgrenzungs-Ritual* -> beide Seiten legen eine Art Pause ein, um sich zu besinnen, um mental ihre Gesprächsposition zu beziehen. Häufig eingeleitet durch die Aufforderung: Bitte setzen Sie sich. Oder durch die Frage: Möchten Sie etwas trinken?

- Hauptgespräch in drei Teilen: Einleitung – gemeinsames Angehen der Thematik auf der Basis der Bezugnahme, die durch das *Abtast-Ritual* ermöglicht wurde (bei Vorstellungsgesprächen und Geschäftsbesprechungen auch klare Erwähnung des Zieles) – Zusammenfassung und Ausklang.

- *Zweites Abgrenzungs-Ritual* -> beide Seiten besinnen sich, ob ihr jeweiliger Standpunkt klar und stimmig war, oder eventuell ergänzt bzw. korrigiert werden muß. Es entsteht wieder Distanz, Grenzen werden gezogen.

- *Schluß-Ritual* -> kurzer, gegenseitiger Höflichkeitsaustausch, Verabschiedung.

Beispiel eines privaten Gespräches, mit *Einhalten der Rituale:*

Jörg und Richard treffen sich zum gemeinsamen Abendessen in einem Restaurant.

Begrüßung und Eröffnungs-Ritual:

Jörg: »Grüß dich, Richard, wartest du schon lange? Sorry, ich bin etwas verschwitzt – ich hatte keine Zeit mehr, nach Hause zu gehen, um mich umzuziehen... Du kennst das ja.«

Richard: »Hallo, hallo. Mach dir bloß keine Sorgen. Schau mich an – frisch ab Baustelle und noch rot vor Ärger. Ich schmeiß bald alles hin! Aber zuerst bestellen wir was... Hm, schöne Auswahl hier... was nimmst du?«

Es folgt das erste *Abgrenzungs-Ritual.* Nach der gegenseitigen Bezugs-Schaffung zieht sich jeder etwas zurück und läßt »einwirken«. Jetzt werden in unserem Beispiel Essen und Trinken bestellt und nette Oberflächlichkeiten ausgetauscht.

Hauptgespräch:

Jörg: »Was war das, vorhin, mit dem Hinschmeißen? Das ist wohl nicht dein Ernst, oder?«

Richard: »O doch! Ich hab die Nase voll. Weißt du, ständig diese Reibereien wegen den Baugenehmigungen ... Ich lasse mich irgendwo anstellen und schieb 'ne ruhige Kugel. Ich habe einfach nicht dein Nervenkostüm ...«

Jörg: »Ha, Nervenkostüm ... und ich. Daß ich nicht lache. Britta will mich verlassen. Da schaust du, gelt? Weißt du was – ich saniere deine Baufirma und du meine Ehe, ok?«

Richard: »Das tut mir leid – ich hatte keine Ahnung, daß es so schlimm ist. Wie ...«

Beide Freunde sind in ihr Gespräch vertieft. Das Essen ist eher nebensächlich, gibt aber die Möglichkeit, gelegentlich zu schweigen, etwas Abstand zu nehmen, etwas nicht sagen zu müssen, etwas zu überbrücken, einander nicht in die Augen blicken zu müssen.

Allmählich ist das Wichtigste gesagt. Jetzt findet das *zweite Abgrenzungs-Ritual* statt, damit die Freunde wieder auf nötige Distanz gehen können.

Jörg: »Du, das tat trotz allem gut. Wir sollten uns häufiger sehen. Waaaas – schon so spät?!«

Richard: »Die Zeit rast. Ja du hast Recht – Dinge auszusprechen ist wichtiger als man denkt. Ich sehe jetzt klarer. Danke, gelt? Nimmst du auch noch einen Kaffee?« ...

Nun ist der Zeitpunkt für weitere Vertraulichkeiten vorbei. Es wäre auch zuviel. Jeder hat jetzt den unbewußten Drang, wieder »zu sich« zu finden, Grenzen zu ziehen, die erhaltenen neuen Ansichten zu überprüfen, Eigenständigkeit zu verspüren. Der Blick wird jetzt eher auf den Teller beziehungsweise auf die anderen Gäste gerichtet. Damit wird der Bezug auf freundliche Art aufgehoben. Es war genug, sonst wäre ein Zuviel an Nähe entstanden. Dies wiederum hätte ein zusätzliches Abgrenzungs-Ritual – wie WC-Besuch, in der Aktentasche kramen, Blick auf die Agenda – erfordert, um die dringend benötigte Distanz wiederherzustellen.

Richard und Jörg plaudern noch etwas über Nichtigkeiten, um bald zu zahlen und sich voneinander zu verabschieden. Beide haben – bewußt und unbewußt – eine gute Zeit miteinander verbracht. Denn beide haben einander Interesse signalisiert, kommuniziert und Bezug hergestellt – und beide haben einander rechtzeitig losgelassen.

Merke: Gespräche müssen in einem stimmigen Ritual verlaufen – dann vermitteln sie Positiv-Botschaften.

Beispiel eines privaten Gespräches, ohne *Einhalten der Rituale:*

Jörg: »Grüß dich, Richard. Wartest du schon lange?«

Richard: »Hallo, hallo. Du siehst, ich hab schon bestellt. Die Kalbsnieren hier sind köstlich. Was nimmst du?«

Jörg: Kalbsnieren? Nein, das ist nichts für mich. Heute eher was Vegetarisches. Wie geht es dir so?«

Richard: »Schlecht, überarbeitet... Ich schmeiß bald alles hin. Bedienung!«

Jörg: »Bitte einen großen Salat und ein Bier.«

Richard: »Und was macht Britta?«

Jörg: »Ach, lassen wir das. Mir verdirbt's sonst den Appetit! Du hast es gut, du mit Deinem tollen Geschäft... Ich wollt, ich wäre auch so frei.«

Bereits das Eröffnungs-Ritual scheitert – es kann kein Bezug entstehen, da keiner der Beteiligten gewillt scheint, langsam und vorsichtig auf den anderen zuzugehen. Statt sich langsam in rituellen Schritten aneinander anzunähern, springen sowohl Richard wie Jörg blindlings in den Problemkreis des anderen hinein und wirken dadurch grob und abweisend. Alles geht zu schnell, kein Abtast-Ritual findet statt. Durch diese Mißachtung sind beide Parteien nur noch damit beschäftigt, sich zu schützen, damit der andere nicht allzu nahe kommt.

Sicherlich meinen beide, sie hätten ein »ganz gutes« Gespräch gehabt. Aber in Wirklichkeit haben sie einander nur uninteressierte und abweisende Botschaften gesendet. Und so konnte kein Bezug stattfinden.

Es wird längere Zeit dauern, bis die Freunde sich wieder treffen!

Merke: Gespräche müssen in einem stimmigen Ritual verlaufen – sonst vermitteln sie Negativ-Botschaften.

In dem Moment, wo Rituale nicht eingehalten werden, überfluten uns die verschiedensten Botschaften unvorbereitet und unsanft. Unser Unbewußtes erfährt eine Disharmonie – wir verspüren ein ungutes Gefühl, wir sind verstimmt.

Gerade dann sollten wir die abgelaufenen Rituale überprüfen. Unsere *Bezugs-Ebene* hat einen untrüglichen Radar für stimmige oder unstimmige Botschaften.

Beobachten Sie andere Menschen: beim Gespräch, beim Essen, beim Arbeiten. Was verspüren Sie? Welche Botschaften werden gesendet? Auf welche Weise wird versucht, Bezug herzustellen? Können Sie bereits vorhersagen, ob jemand Erfolg haben wird oder nicht – ob und wie bezugsfähig er ist?

Check-Liste für Gesprächs-Rituale

Ich habe ein ungutes Gefühl. Warum?

Habe ich	Hat mein Gesprächspartner
das Eröffnungs- und Abtast-Ritual eingehalten?	
ja/nein/nur zum Teil	ja/nein/nur zum Teil
Habe ich	Hat mein Gesprächspartner
das erste Abgrenzungs-Ritual eingehalten?	
ja/nein/nur zum Teil	ja/nein/nur zum Teil
Habe ich	Hat mein Gesprächspartner
im Hauptthema einen gegenseitigen Bezug gespürt?	
ja/nein/nur zum Teil	ja/nein/nur zum Teil
Habe ich	Hat mein Gesprächspartner
den Wunsch nach dem zweiten Abgrenzungs-Ritual realisiert?	
ja/nein/nur zum Teil	ja/nein/nur zum Teil

Wenn Sie bei genauem Überprüfen Ihres fraglichen Gespräches auf der Check-Liste vor allem »nein« oder »nur zum Teil« ankreuzen müssen, dann hatte das Gespräch *keine ritualisierte, keine »innere«* Ordnung. Und natürlich hat Ihr Unbewußtes das gespürt und es Ihnen durch ein »verstimmtes Gefühl« mitgeteilt – obwohl an der Oberfläche alles ganz gut verlief. Das Einhalten der Rituale signalisiert Ihnen, wie ernst Sie genommen werden, wie mit Ihnen umgegangen wird, wie Sie eingeschätzt werden. Vergessen Sie nicht – Ihr Unbewußtes ist ständig am Entschlüsseln dieser Botschaften.

Sie können Ihr Wohlbefinden *und* Ihre kommunikativen Fähigkeiten steigern, indem Sie ganz bewußt Ihr Gespür für Rituale schärfen und eigene entwickeln. Überlegen Sie doch vor Ihrer nächsten Verabredung, Einladung oder gar einem Vorstellungsgespräch, was Sie dazu beitragen können, daß wichtige Ritualabläufe eingehalten werden. Dann wird der Anlaß zum Erfolg.

Erfolg durch stimmige Ritual-Abläufe

Kreativ-Rituale

Gehören Sie zu den beneidenswerten künstlerisch-kreativen Menschen, die sich jederzeit in Arbeitslaune befinden? Wie auf Knopfdruck – quasi automatisch. Oder brauchen Sie unzählige Anläufe, bis Sie sich endlich hinsetzen und Ihre Arbeit anpacken können? Wie häufig hat man Ihnen schon gesagt, Sie seien eben ein »kreatives Gemüt«, also jemand, der aus dem Bauch arbeitet und von daher nicht programmierbar sei? Der Trost ist gering, denn die Arbeit muß dann doch gemacht werden. Sie haben zwar immer wieder feste Vorsätze, was die Zeiteinteilung und Arbeitsdisziplin angeht, doch meistens scheitern Sie bereits zu Beginn: Sie sitzen da und fühlen sich leer. Dabei drängt die Zeit und der Druck wächst.

Alles kontraproduktive Umstände für jemand, der meint, seine besten Ideen nur in absoluter Ruhe verwirklichen zu können. Hier beginnt schon der Irrtum: gerade kreative Menschen »gebären« ihre Werke meist nur unter und durch Druck. Sonst feilen sie unter Umständen noch jahrelang daran herum – oder legen das Ganze überdrüssig zur Seite. Kreative Menschen brauchen Druck und Zeitlimits, doch beides muß sinnvoll eingesetzt werden. Zuviel Druck lähmt – zuwenig Zeit schadet der Qualität.

Hier wirken Rituale fördernd und ermöglichen einen gelösteren und realitätsnäheren Bezug zum eigenen Werk.

Beispiel:

François ist freischaffender Grafiker und könnte eigentlich von seinem Auftragsvolumen her gut leben. Da es ihm aber sehr schwer fällt, sich von einer Skizze zu trennen, und er dazu neigt, endlos daran herumzufeilen, kann er selten mehr als zwei kleinere Aufträge in drei Monate bewältigen. Fazit: Trotz großem Können und Einsatz lebt François ständig am Existenzminimum, sehr zu seinem eigenen Verdruß. Als er sich zusätzlich noch verliebte und überhaupt zu keiner sinnvollen Zeiteinteilung mehr fähig war, wandte er sich ratsuchend an einen Freund, einen erfolgreichen Kunstmaler. Der forderte ihn auf, eine kleine Liste mit zwei Rubriken aufzustellen. Die erste war mit der Frage überschrieben: »Wie verdiene ich mein Geld?« Die zweite Rubrik mit: »Wo liegt mein Aufwand?« Und nun sollte François zu beiden Fragen so viele Punkte wie möglich finden. Hier seine Liste:

Wie verdiene ich mein Geld?	*Wo liegt mein Aufwand?*
Vorschläge ausarbeiten, Entwürfe anfertigen und Bestellungen ausführen.	Arbeitsplatzgestaltung, Bleistifte spitzen, richtiges Papier suchen, immer wieder von vorne beginnen, mit der Freundin telefonieren, finanzielle Probleme wälzen, Abgabetermine verschieben, Tagträumen nachhängen, Ordnung im Atelier schaffen.

François zeigte diese Liste resigniert seinem Freund. Der lachte, nahm eine Schere, schnitt die Überschriftsfragen weg und vertauschte sie. Plötzlich stand in der Rubrik »Wo liegt mein Aufwand?« die Antwort: Vorschläge ausarbeiten, Entwürfe anfertigen und Bestellungen ausführen. Dann nahm sein Freund einen Rotstift und ergänzte die Überschrift der Rubrik »Wie verdiene ich mein Geld?« mit dem schlichten Wort »nicht«. François starrte seine neue Liste an, nahm dann eine Reißzwecke und hängte sie über seinem Arbeitstisch auf.

Das Umsetzen der veränderten Sicht, des neuen Bezugs, brauchte natürlich seine Zeit. Doch jedesmal, wenn François sich wieder in endlosen Arbeitsverbesserungen verlor oder plan- und lustlos Bleistifte zu spitzen begann, zwang er sich, seine Liste anzuschauen. Die Rubrik »Wie verdiene ich mein Geld nicht« sprang ihm dann jeweils förmlich in die Augen. Ein besseres Kreativitäts-Ritual als dieser Blick auf die Liste konnte er sich gar nicht vorstellen. Plötzlich war der abstrakte Begriff »Kreativität« faßbar und anschaulich geworden. Eine Sichtweise hatte sich gewandelt und ein Standpunkt dadurch positiv-produktiv verschoben. François begann langsam, aber sicher, Erfolg zu haben.

Zweisamkeits-Rituale

Faustregel: Ohne Rituale keine langfristig zufriedenstellende und erfüllende Beziehung!

Und wie sieht es diesbezüglich bei Ihnen aus? Welche Rituale pflegen Sie? Achtung, wenn Sie zu den Paaren gehören, die einander vorhalten, wie anders, zärtlicher und viel, viel schöner es doch in den ersten Jahren miteinander war! In diesem Fall wurden Rituale vernachlässigt – es fehlt an Positiv-Botschaften.

Am Anfang jeder Liebesbeziehung spielen Rituale völlig selbstverständlich eine große Rolle. Zwei Menschen werben umeinander, jeder meist einem ganz bestimmten Ritual verhaftet: Männer zeigen Imponiergehabe, bringen ihre Qualitäten deutlich zum Ausdruck, kaufen Blumen und Pralinen und laden – je nach Finanzlage – gediegen zum Essen ein. Frauen zeigen sich weiblich attraktiv, eher abwartend, nehmen die ihnen dargebotenen Huldigungen mit gebührender Reserve entgegen, reagieren mehr oder weniger anerkennend auf die Insignien »seines« Erfolges, kurz: sie lassen sich den Hof machen.

In dieser ersten Phase geht es um das sorgfältige Dosieren der Werbe-Rituale. Ein Zuviel oder Zuwenig an männlichem Imponiergehabe wäre genauso ein »Killer« wie ein zu forsches weibliches Entgegenkommen. Sie lachen? Sie meinen, diese Rituale seien längst passé? Oh nein! Nach wie vor spielen sich Werbe-Rituale nach diesem festgefügten, tradierten Muster ab: »Der Mann zeigt« – »die Frau nimmt« geziemend entgegen. Erst dann wird entschieden, ob es weitergeht oder nicht.

Wenn diese »erste Runde« beidseitig ritualgetreu durchgespielt wurde, steht der Fortsetzung nichts im Wege. Die gegenseitige Anziehung vertieft sich, aus den Werbenden kann ein Liebespaar werden.

Nun entstehen auf selbstverständliche Art eine Reihe neuer Rituale: ausgiebige, trauliche Gespräche beim Zusammensitzen, Aufmerksamkeiten und liebevolles Verwöhnen – und immer wieder möglichst viele Berührungen und Zärtlichkeiten. Ein ständiger Ausdruck von Bezug wird manifestiert.

Diese »zweite Runde« birgt bereits eine massive Gefahr in sich: die der Gewöhnung, der Selbstverständlichkeit. Da ja alles sooo gut klappt und schön ist, werden die zwei – fast unmerklich – etwas nachlässiger miteinander. Meist wird dieses Nachlassen sogar erklärt: »Man kann sich ja nicht dauernd in den Armen liegen…« Langsam stellen sich zusätzliche Unaufmerksamkeiten ein. Und all das beinhaltet einen stetigen Abbau der ehemals liebevoll ausgeführten Rituale, die gegenseitige Bezugnahme wird aufgelockert.

Sätze wie : »Früher hast du mir aufmerksamer zugehört!«, »Früher hast du gewartet, bis ich nach Hause kam!«, »Früher sind wir öfters ins Konzert gegangen!«, »Früher hast du mir noch Komplimente gemacht!« sind alle Hinweise darauf, daß Zweisamkeits-Rituale kaum mehr gepflegt werden. Damit aber beginnt der Inhalt einer Beziehung zu bröckeln. Es fehlen die Positiv-Botschaften der Rituale. Statt dessen werden jetzt vermehrt Signale ausgesendet beziehungsweise wahrgenommen wie: »Du bist zu anspruchsvoll!, «Du gehst mir auf den Geist!», «Du willst zuviel!», «Du störst mich!», «Du mißfällst mir!»

Die stützende Funktion der Zweisamkeits-Rituale hat nachgelassen, die Beziehung erlahmt und droht langweilig zu werden. Der größte Feind einer Zweierbeziehung ist genau diese Langeweile – dieses totale Fehlen substanzfördernder Rituale.

Und dann wird Ausschau gehalten nach einem anderen Menschen, mit dem all diese bezugschaffenden Rituale wieder neu aufleben dürfen. Bis sich auch da wieder »Abnutzungserscheinungen« einstellen und die Langeweile vor der Tür steht.

Ist Ihnen schon langweilig in Ihrer Beziehung? Aber spüren Sie nach wie vor Liebe und Zuneigung zu Ihrem Partner? Dann wäre es an der Zeit, sich bewußt um das Wiederaufleben von Zweisamkeits-Ritualen zu bemühen.

Es hat keinen Sinn, alte Rituale aufwärmen zu wollen. Es gibt kaum etwas Lächerlicheres, als wenn zum Beispiel nach etlichen Jahren versucht wird, den etwas erlahmten erotischen Bereich wiederzubeleben, indem man »wie ganz am Anfang« verliebt miteinander umgeht. Hier müssen neue und an die veränderten

Lebensumstände angepaßte Rituale entwickelt werden. Rituale also, die auf der täglichen Realität eines Paares gründen. Wenn beide am Abend todmüde vom Tagwerk ins Bett sinken, nützen sämtliche phantasievoll gedachten Erotik-Rituale ohnehin nichts. In dem Fall können Sie also getrost auf Reizwäsche, Champagner im Schlafzimmer und »scharfe« Filme verzichten... damit lösen sie bestenfalls nur ein kurzlebiges Aufflackern alter Leidenschaft aus – und schlimmstenfalls einen Heiterkeitsausbruch.

Suchen Sie statt dessen mit Ihrem Partner etwas, was Ihnen beiden entspricht. Vielleicht entdecken Sie eine neue Form für Ihre erotische Beziehung, indem Sie eine Weile lang beide darauf verzichten, den Liebesakt zu vollziehen. Sie dürfen sonst alles: sich streicheln, küssen, liebkosen – nur das »Letzte« nicht. Damit zelebrieren sie wieder – und doch anders – Zärtlichkeits-Rituale. Ihre Körper »erinnern« sich – Lust aufeinander und Vertrauen in den eigenen Körper darf wieder spürbar werden. Sie geben einander erneut Gelegenheit, Positiv-Botschaften im körperlichen Bereich auszutauschen: »Es ist schön zusammen. Wir haben Zeit, wir müssen uns nicht beeilen. Wir kennen uns gut und wissen, wie wir uns gegenseitig Lust bereiten können...«

Lassen Sie sich nicht beeindrucken von irgendwelchen Informationen, wie häufig Sie miteinander ins Bett gehen sollten. Finden Sie Ihren eigenen Rhythmus, damit Sie dann tatsächlich Ihre individuelle Erotik zelebrieren dürfen – und sei es nur einmal im Monat, aber dann lustvoll und erfüllend.

Im erotischen wie im alltäglichen Bereich brauchen Zweisamkeits-Rituale Besinnung und Zeit. Jedes Paar sollte sich überlegen, welche Rituale gefallen und welche überhaupt durchführbar sind. Rituale haben »in der kleinsten Hütte Platz«. Seien es nun regelmäßige Gespräche, ein gemeinsamer Spaziergang, ein besonderes Essen... alle haben wir etwas Gemeinsames, das wir durch ein eigens entwickeltes Ritual fördern und stützen können.

Rituale als Schutz

Kinder haben noch einen direkten, weil unverbildeten Bezug zu der *»inneren Ordnung«* der Rituale. Gerade bei den weitverbreiteten Nachtängsten entwickeln Kleinkinder richtiggehend ritualisierte Schutzwälle um sich. Sei es durch eine Schar von Lieblingsstofftieren und Puppen als Wächtersymbole im Bett, durch das beruhigende Wissen um ein Glas Milch oder Wasser, von den Eltern gebracht, oder durch ein liebevolles Gute-Nacht-Ritual mit Beten und Geschichten erzählen, Liedersingen und großen Umarmungen. Instinktiv spüren Kinder das *Schützende und Heilende* der zum großen Teil von ihnen *selbst entwickelten Rituale.*

Wenn Eltern die Wichtigkeit dieser *Schutzfunktion* nicht erkennen, sich vielleicht sogar darüber lustig machen, können schwere Verunsicherungen, Isolations- und Ohnmachtsgefühle beim Kind entstehen.

Sollte sich ein Kind auf die Art verspottet und alleine gelassen fühlen, so kann es geschehen, daß es sich jahrelang an ein einziges – und somit starres – Ritual klammert, nur weil ihm gerade *das* »gestattet« wurde. Zum Beispiel das ständige Mitnehmen einer Lieblingsdecke, über die sich niemand lustig machen konnte, weil sie ein Gebrauchsgegenstand war. Es durfte keine zusätzlich anderen *Schutz-Rituale* entwickeln – aus Angst, vielleicht deswegen ausgelacht zu werden.

Wie viele Erwachsene gibt es, die sich mit *zwanghafter Gewohnheit* an Rituale klammern, die von der Umwelt kopfschüttelnd als krankhaft bezeichnet werden. Da hat sich vor vielen Jahren aus einem eigentlich trostspendenden Ritual ein starrer Zwang herausgebildet, weil damals einer Kinderseele weder Wahl noch Entwicklung eines *Halt vermittelnden Rituals* zugestanden worden war.

Es braucht viel Geduld und Arbeit, um aus dem Netz derart versteinerter Zwänge herauszufinden. In dem Fall können »Gegen-Rituale« hilfreich sein, die dem Betroffenen die Möglichkeit geben, nochmals ins Kindsein abzutauchen und Vertrauen aufzubauen. Unweigerlich erinnert uns so ein Gegen-Ritual an das Beschwören guter und hilfreicher Geister aus der Vergangenheit.

Was tun wir denn, wenn wir Angst haben, wenn wir uns alleine gelassen fühlen? Ohne Rituale, die uns Halt und Schutz vermitteln, können wir sogar krank und depressiv werden. Rituale, gerade in solchen »schwarzen« Lebensmomenten, stärken uns – vital und fast magisch – durch ihre *stützenden Botschaften.*

Rituale als Halt und Stütze

Wir beten, wir verabreden uns mit uns lieben Menschen für eine Weile Gemeinsamkeit, wir lesen ein bestimmtes Buch, wir unternehmen einen vertrauten Spaziergang, wir ziehen einen alten und heimeligen Morgenmantel an, wir kochen uns eine Kanne kräftigen Tee oder Kaffee, wir gönnen uns etwas ganz Spezielles, ... wir alle haben unsere Trost-Rituale.

Gut für uns sind die Rituale, die uns *positive Botschaften* vermitteln, und uns (wieder) einen Bezug zu uns oder zu uns nahestehenden Menschen ermöglichen.

Wehe, wir lassen Rituale mit Negativ-Botschaften zu, die uns schwächen oder gar zerstörerische Kräfte heraufbeschwören! Das berühmte Glas Wein (zwei, drei ...) bei seelischem Schmerz, das ständig greifbare Beruhigungsmittel bei Kummer und Leid, löst nichts Positives aus. Es rührt an keine Selbstheilungskräfte, es bewirkt *keine kreativ-veränderte* Lebenseinstellung. Als einzige Botschaft bleibt: Du schaffst es nicht ohne Droge. Du hast versagt.

Die inneren Kräfte werden nicht genutzt, sondern lahmgelegt. Und die Magie positiver Botschaften wird nie verspürt.

NACHWORT: MACHT UND MAGIE DER RITUALE

Die Pflege und das Entwickeln eigener Rituale ist wie ein Liebesdienst uns und anderen gegenüber, der reiche Früchte trägt. Ob es sich jetzt um das Erinnern und Einhalten von wichtigen Festen wie Geburtstagen, Hochzeitstagen, Jubiläen usw. handelt oder das Schaffen eigener »schöner Augenblicke« – die darin enthaltene Botschaft von Freude, Interesse und Anteilnahme läßt Bezug entstehen. In jeder Beziehung und in jeder Familie sollte es eine Fülle von solchen Ritualen geben. Überprüfen Sie gedanklich einige Ihnen bekannte Beziehungen. Sie werden bemerken, daß die Ihrer Ansicht nach glücklichen und zufriedenen Beziehungen eine ganze Reihe Gemeinsamkeits-Rituale pflegen.

Kinder erinnern sich noch als Erwachsene an Familien-Rituale wie ausgiebige Diskussionen und Spiele am Tisch, Märchenerzählen im Bett, Herumalbern und gemeinsame Ausflüge. Die Gefahr der Entfremdung droht, wenn aus Zeitmangel die Bezugs-Ebene vernachlässigt wird und man es unterläßt, die dafür nötigen Rituale zu entwickeln. Da Rituale binden und Bezug schaffen, braucht es gerade im Zusammenleben eine Vielzahl davon. Sie lassen Gemeinschaftsgefühle entstehen, sichern dadurch den Zusammenhalt und ermöglichen Identifikation und Zugehörigkeit in der Beziehung, in der Familie. Rituale bilden ein sicheres Gerüst, durch ihre Botschaften werden eine Fülle von kreativen Energien und Impulsen freigelegt, die ihrerseits neue Bezugsmöglichkeiten schaffen – sowohl nach außen wie zu eigenen, aufbauenden Kräften.

Denken Sie darüber nach, mit welchen Ritualen Sie Ihre Beziehungen stützen. Was könnten Sie ändern, was verbessern? Wie können Sie Ihre 3. Kommunikations-Ebene und die Ihrer Umwelt aktivieren?

Beginnen Sie nicht mit großen Plänen. Betrachten Sie einfach mal, als Beispiel, den Sonntagmorgen. Machen Sie ihn zu einem rituellen Morgen. Wie wäre es mit Frühstück am Bett, so richtig schön zelebriert? Und Ihr Partner übernimmt den nächsten Sonntagmorgen? Kein Fernsehen und keine Zeitung – nur Sie zwei, genüßlich, mit viel, viel Zeit... Sie haben noch kleine Kinder, die sowas nicht zulassen? Macht nichts – Sie finden sicherlich einen anderen Zeitpunkt, um ein *Zweisamkeits-Ritual* zu entwickeln, das Ihrer Partnerschaft angepaßt ist. Und durch welches Ritual könnten Sie jetzt Partner und Kinder verbinden? Wie wäre es mit einem ganz altmodischen Brettspiel im Bett, oder einem gemeinsamen Ratespiel?

Vergessen Sie nie: Rituale sind Bezugs-Brücken!

Bei den »Wunderheilungen« haben Sie über die magisch anmutende *Beschwörungskraft* der Bezugs-Rituale gelesen. Selbst im manchmal allzu nüchternen Geschäftsleben vermittelt ein richtig eingesetztes Ritual neue schöpferische Impulse und eine Arbeitsatmosphäre kann deutlich verbessert und dadurch effizienter werden.

Stellen Sie sich nun vor, wie sorgfältig gehegte Alltags-Rituale auf Sie und Ihre Umwelt einwirken können. Durch individuelles Entwickeln und gezieltes Einsetzen eigener Rituale sind auch Sie in der Lage, einen von Ihnen gewünschten Bezug herzustellen, zu pflegen und erfolgreich verbindende Botschaften zu vermitteln. Hier zahlt sich etwas Mut und Phantasie aus.

Ritual als Bezugsbrücke zur Umwelt

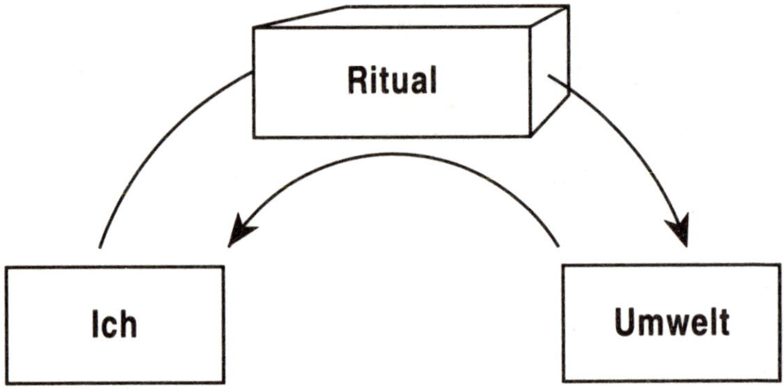

LITERATURVERZEICHNIS

Berne, E.: Spiele der Erwachsenen. Reinbek b. Hamburg 1967.

Bertholet, A.: Lexikon der Religionen. Stuttgart 1976.

Biedermann, H.: Lexikon der magischen Künste. Graz 1986.

Birkenbihl, V.F.: Signale des Körpers. Landsberg am Lech 1986.

Birkenbihl, M.: Train the Trainer. Landsberg am Lech 1971.

Bonin, W. F.: Lexikon der Parapsychologie. Bern und München 1976.

Darwin, C.: The Expressions of the Emotions in Man and Animals. London 1872.

Doyle, R.A., Cave, J., Dumond, M.A. (Red.): Hexen und Hexenwahn. Time Life: Geheimnisse des Unbekannten. Amsterdam 1990.

Freud, S.: Psychologie des Unbewußten. Frankfurt am Main 1975.

Hall, E.T.: The Silent Language. New York 1959.

Hall, E.T.: The Hidden Dimension. New York 1966.

Herriger, C.: Bis daß der Tod euch endlich scheidet oder Wie Paare besser lieben lernen. München 1992.

Herriger, C.: »Männer weinen nicht.« Die programmierte Impotenz des Mannes. München 1990.

Hoffmann, H.: Kreativitätstechniken. Zürich 1980.

Hornstein, H.A.: Managerial Courage. New York 1986.

Jackson, K.F.: Die Kunst der Problemlösung. München 1976.

Jung, C.G.: Der Mensch und seine Symbole. Olten 1968.

Jung, C.G.: Psychiatrie und Okkultismus, Frühe Schriften I. Olten 1972.

Jung, C.G.: Über psychische Energetik und das Wesen der Träume. Olten 1972.
Jung, C.G.: Die Psychologie der Übertragung. Olten 1972.
Kast, V.: Der Schöpferische Sprung. Olten 1987.
König, R.: Soziologie. Fischer Lexikon. Frankfurt am Main 1967.
Koch, K.E.: Okkultes ABC. Aglasterhausen 1981.
Kreikebaum, H.: Strategische Unternehmensplanung. Stuttgart 1981.
Kuiper, P.C.: Die seelischen Krankheiten des Menschen. Bern und Stuttgart 1969.
Meininger, J.: Transaktionsanalyse. Landsberg 1987.
Perls, F.S.: Gestalt Therapy Verbatim. Moab, Utah 1969.
Poiret, M.: Was der Körper verrät. München 1972.
Reich, W.: Charakteranalyse. Köln, Berlin 1970.
Schubert, B.: Erziehung als Lebenshilfe. Frankfurt am Main 1993.
Skinner, B.F.: Verbal Behavior. New York 1957.
Tuchman, B.: Der ferne Spiegel. Das dramatische 14. Jahrhundert. München 1982.
Tschirky, H.: Führungs-Richtlinien. Zürich 1981.
Watzlawick, P., Weakland, J.H., Fisch, R.: Menschliche Kommunikation: Formen, Störungen und Paradoxien. Stuttgart 1974.
Wehr, C.: Lexikon des Aberglaubens. München 1991.
Weisendanger, H.: Zwischen Wissenschaft und Aberglaube. Frankfurt am Main 1989.
Williamson, J.N. (Ed.): The Leader-Manager. New York 1984.
Ziegler, J.: Kommunikation als paradoxer Mythos. Weinheim und Basel 1970.